C-Toolbox zur Druckeransteuerung

Markus Mück

C-Toolbox zur Druckeransteuerung

Text- und Grafikroutinen für Turbo C/
Borland C/C++ und Microsoft C

te-wi Verlag

Die Deutsche Bibliothek – CIP-Einheitsaufnahme

Mück, Markus:
C-Toolbox zur Druckeransteuerung: Text- und Grafikroutinen für Turbo C/
Borland C/C++ und Microsoft C / Markus Mück. –
München : te-wi-Verl., 1993
ISBN 3-89362-342-6

Dieses Buch und der Schutzumschlag wurden auf chlorfrei gebleichtem Papier gedruckt. Die Einschrumpffolie (zum Schutz vor Verschmutzung) ist aus umweltfreundlicher und recyclingfähiger PE-Folie.

1. Auflage 1993

Umschlagkonzeption: tm technik marketing GmbH, München
Illustration: TypoConcept, München
Herstellung: Barbara Arlt
Satz: S&W Satz- und Werbeservice GmbH, München
Druck: Kösel, Kempten
Printed in Germany

ISBN 3-89362-342-6

Inhalt

Vorwort

Sehr geehrte Leserin,
sehr geehrter Leser,

sicherlich gehe ich recht in der Annahme, daß Sie für künftige Softwareprojekte eine professionelle Unterstützung beinahe aller, auf dem Markt erhältlichen Drucker vorgesehen haben – aus welchem Grund sollten Sie sonst in eine Druckertoolbox investiert haben ?

Zuerst einmal möchte ich Ihnen für den Schritt in die komplexe Welt der verschiedensten Druckertypen allen Respekt aussprechen. Normalerweise birgt ein solcher Schritt anfangs bedachte, aber auch unbedachte Probleme an allen Ecken und Enden. Angefangen mit den willkürlich definierten Aufbauarten der Druckersequenzen bis hin zu grundlegend verschiedener Bemaßung und Methodik beim Berechnen von Grafiken bringen vor allem die Details den ambitionierten Programmierer an den Rand der Verzweiflung.

Aus diesem Grund möchte ich Ihnen neben einer gehörigen Portion Respekt auch meine Glückwünsche aussprechen. Sie haben sich mit dem Erwerb der Druckertoolbox die ganze kostspielige, zeitintensive und unnötige Detailarbeit erspart. Unabhängig davon, ob Nadel, Laser oder Tinte, die Toolbox ist zu beinahe jedem, derzeit auf dem Markt erhältlichen Drucker kompatibel und gebraucht unabhängige, nicht druckerspezifische Maßangaben wie cm oder inch. Selbst die sonst so umständliche Ausgabe von Grafiken wird zum Kinderspiel.

Angaben über Treiberdatei, PCX- oder PCC-Dateiname, horizontale und vertikale Größe – selbstverständlich in cm oder inch –, sowie die horizontale und vertikale Position auf dem Blatt (ebenfalls in cm oder inch) reichen völlig aus. Wozu mehr Arbeit aufwenden, als eine Realisierung minimal beansprucht ?

Darüber hinaus erschöpft sich die Druckertoolbox nicht in unübersichtlich und verwirrend angeordneten C-Hieroglyphen, deren Zusammenhang nach wenigen Tagen unnachvollziehbar scheint. Ein demonstrativ übersichtlicher Quellcode und ein sauberes Handbuch mit alphabetischer Auflistung und eingehender Erklärung aller Befehle sichert eine lange Verwendbarkeit.

Ich bin sicher, Sie werden Gefallen an der Toolbox finden und sie bei künftigen Projekten nicht mehr missen wollen.

Markus Mück

1 Eine kurze Vorstellung der Druckertoolbox

1.1 Erwartungen

Die Druckertoolbox entstand nicht aus Mangel an Problemlösungen für spezielle Themengebiete, die sich eines selten bedachten Nischendaseins erfreuen. Hinter ihrem Namen verbirgt sich demnach nicht eine jener Toolboxen, die man »sicherlich irgendwann einmal« benötigen wird und die nur die Frage offenlassen, wann denn dieser Fall eintritt.

Diese Funktionssammlung entstand aus der Praxis für die Praxis. Beinahe jedes ernstgemeinte, professionelle Anwendungs- und sogar Spielprogramm hat an irgendeiner Stelle zumindest eine Adressen- oder Highscoreliste auszugeben, am besten noch mit einem kleinen Logo-Bildchen untermalt. Die Forderung der Kunden an den Hersteller ist dabei eindeutig: Unabhängig davon, welchen Drucker der Käufer besitzt, das Ergebnis hat in immer derselben Gestalt vorzuliegen.

Doch lohnt es sich für den Programmierer, wegen einer einfachen Grafik oder primitiven Adressenliste, alle auf dem Markt erhältlichen Druckertypen zu erwerben und sich nächte- und wochenlang mit Treiberexperimenten herumzuschlagen, nur damit der Kunde auf eine schlichte Tabelle zurückgreifen kann? Sicherlich nicht, schon aus finanzieller Sicht.

Dieses Problem schafft die Druckertoolbox aus der Welt. Sie, der Programmierer, definieren *einmal* die genaue Gestalt des Ausdrucks, wobei Sie selbstverständlich auf Maßangaben in cm und inch zurückgreifen – modellabhängige Größen wie »Dots Per Inch« (DPI) u. ä. werden Sie nicht mehr belästigen. Unterstützt werden dabei alle Drucker, die zu einem der folgenden Standards kompatibel sind:

- Escape-Sequenzen 9-Nadler (z.B. Epson 9-Nadler wie LX-, FX-Serie)
- Escape-Sequenzen 24-Nadler (z.B. Epson 24-Nadler (LQ-Serie), NEC 24-Nadler, Citizen 24-Nadler)
- PCL-Druckersequenzen (alle HP-kompatiblen Laserdrucker)
- PCL-Druckersequenzen (speziell HP-Deskjet-kompatible-Drucker)

Da nahezu jeder, derzeit auf dem Markt erhältliche, grafikfähige Drukker zu einem der aufgeführten Standards kompatibel ist, dürfte es kaum Probleme geben. Dennoch ermöglicht ein Treiberprogramm, neue Treiber für Spezialdrucker zu generieren. An anderer Stelle in diesem Buch wird der Aufbau der Treiber im Detail geklärt. Damit sieht sich der Programmierer in der Lage, eine Treibergenerierung von eigenen Programmen aus zu gestatten.

Nun zu einem kurzen Überblick über die Funktionsvielfalt der Toolbox.

1. Die Sofortausgabe-Befehle erlauben, Daten ohne Umweg direkt an den Drucker weitergeben zu können. Texte und Tabellen, auch in Verbindung mit PCX-Grafiken, werden der Reihe nach an den Drucker weitergeleitet. Komplexe Formatierungen sind hier aufgrund großer Flexibilität der einzelnen Befehle leicht möglich. Sie verfügen über ein Werkzeug, das beinahe einem modernen Textverarbeitungssystem gleichkommt.

2. Bufferbefehle gestatten es, eine komplette Seite im Speicher berechnen zu lassen. Dabei spielt die Reihenfolge der übergebenen Zeilen keine Rolle, der Computer wird sie später eine nach der anderen in der korrekten Reihenfolge an den Drucker weitergeben. Neben der primitiven Definition einiger Spalten steht der motivierte Programmierer vor keinen größeren Problemen, beispielsweise ein mehrspaltiges Zeitungslayout zu verwirklichen. Selbstverständlich lassen sich auch Grafikausgaben über Bufferbefehle steuern.

   Der einzige Nachteil: Jede Zeile verlangt detaillierte Informationen über Schriftart, Ausrichtung, Position und so weiter und belegt dementsprechend viel Speicher.

3. Über die Änderung des Druckerports, beispielsweise in einen Dateinamen, stellt auch der Druck in eine Datei kein Problem dar.

4. Last but not least: Konventionelle Druckertoolboxen greifen ausschließlich auf C-spezifische Funktionen zur Ausgabe zurück. Dies bringt den gewichtigen Nachteil mit sich, daß MS-DOS jedesmal, wenn sich der Drucker nicht ansprechen läßt, folgenden String ausgibt und eine Antwort auf denselben erwartet:

```
Write fault error writing device LPT1
Abort, Retry, Ignore, Fail?
```

Die Druckertoolbox läßt dem Programmierer die Wahl. Über »ptInitPrinter« sieht er sich in der Lage, diese herkömmliche Methode anzuwenden. »ptScanInitPrinter« dagegen verwendet maschinennahe Interrupts, über die ein Abfangen dieser Meldung erreicht wird.

Selbstverständlich können genauere Ausführungen nicht in wenigen Zeilen untergebracht werden. Aus diesem Grund muß der interessierte Anwender in den folgenden Kapiteln Antworten zur Leistungsfähigkeit dieses Produktes suchen. Besonders der Referenzteil eignet sich vorzüglich, um einen ersten Eindruck von der Leistungsfähigkeit der Druckertools zu gewinnen.

Fairerweise sollen auch die Schwachstellen der Toolbox vorgestellt werden, welche hauptsächlich auf die große Portabilität unter den verschiedensten Druckertypen zurückzuführen sind:

- Die Druckertools unterstützt keine Kerning-Fonts, d.h. Schriftarten, deren Buchstabenbreite von Buchstabe zu Buchstabe abweicht (Beispiel: Die in diesem Handbuch verwendete Schriftart ist ein Kerning-Font, das »i« nimmt bedeutend weniger Platz ein als beispielsweise das »W«).

  Vor allem in der neueren Generation der non-impact-Drucker (Tintenstrahl- und Laserdrucker) findet diese Technik Anwendung.
- Es ist nicht möglich, rechts und links neben Grafiken Text auszugeben; lediglich über und unter ihnen.
- Postscript-Drucker werden nicht unterstützt.

Der Grund für diese Einschränkungen dürfte verständlich scheinen. Werden Kerning-Fonts unterstützt, bleibt die Portabilität auf der Strecke. Die Vorgehensweise zum horizontalen Vermischen von Text und Grafik weicht von Drucker zur Drucker so sehr ab, daß die Generierung von Treibern einem Kunden nicht zugemutet werden könnte, ganz abgesehen von den unzähligen Fallunterscheidungen, die druckerabhängig in den Toolboxquellcode eingefügt werden müßten.

Zur letzten Einschränkung: PostScipt stellt eine eigenständige Programmiersprache dar und hat nichts mehr mit Druckersequenzen zu tun, wie sie beispielsweise bei EPSON- oder HP-PCL-kompatiblen Druckern vorhanden sind.

Den Schluß dieses Kapitels soll ein kleines Demoprogramm besiegeln. Selbstverständlich wird es nicht die volle Leistungsfähigkeit der Toolbox bis ins letzte Detail ausschöpfen, jedoch einen ersten Eindruck gewinnen lassen.

Das Problem: Ein Kunde vergibt den Auftrag für ein Programm, welches verschiedene Hotels innerhalb einer Stadt mit Telefonnummer und Kategorie in Tabellenform auf dem Drucker auszugeben vermag. Ein Ausdruck könnte dabei folgende Gestalt annehmen:

```
Hotelliste

Grand Plaza        0123/4567    *****
Morning Star       3210/7654    ****
Zum Tüffel         7654/3210    ***
Haus Müller        1020/3040    **
Zum Stroh          0102/0304    *
Zum Wirt           1122/3344    –
```

Folgendes primitive Programm würde bei Einsatz der PT-Druckertoolbox völlig für die Realisierung ausreichen:

```
001:#include "PRTTOOLS.C"
002:char Ausgabe[6][3][13]={ { "Grand Plaza",  "0123/4567", "*****"},
                            { "Morning Star", "3210/7654", "****" },
                            { "Zum Trüffel",  "7654/3210", "***"  },
                            { "Haus Müller",  "1020/3040", "**"   },
                            { "Zum Stroh",    "0102/0304", "*"    },
                            { "Zum Wirt",     "1122/3344", "–"    }
                          };
003:int Count;
004:void main ( void )
005:{
006:  ptInitPrinter( "EPSON" );
007:  ptPrintAutoNow( "_Hotelliste_", 0, ptGetDoubleInfo( PT_HORLENGTH
),
                     PT_CENTER );
```

```
008: ptSkip( 3 );
009: for( Count = 0; Count < 6; Count++)
010: {
011:      ptPrintLeftNow( Ausgabe[Count][0], 0 );
012:      ptPrintLeftNow( Ausgabe[Count][1], 8.5 );
013:      ptPrintLeftNow( Ausgabe[Count][2], 14 );
014:      ptSkip(1);
015: }
016: ptClosePrinter();
017:}
```

Die folgenden Zeilen werden einige Bemerkungen zu dem eben vorgestellten Programm bieten. Sie geben einen ersten Einblick in die – für den Neueinsteiger – noch unvertraute Welt der Druckertoolbox.

Zeile 001: Hier zeigt sich, wie einfach es ist, die Toolbox zu aktivieren. Ein primitiver »#include "PRTTOOLS.C"«-Befehl reicht völlig aus; komplizierte Projektverwaltungen brauchen den Programmierer nicht mehr zu kümmern.

Zeile 006: Bevor das Programm irgendwelche Toolboxbefehle ausführt, gilt es, die Initialisierungsroutine aufzurufen. Sie benötigt einen Parameter: den Namen des Druckertreibers. Diesen lädt das Programm während der Initialisierung.

Zeile 007: »ptPrintAutoNow« repräsentiert eines der Herzstücke der Toolbox. Diese Funktion gibt einen Text in gegebenen Grenzen aus, welche in cm (Standardwert) oder inch bemessen werden. Die Informationsfunktion »ptGetDoubleInfo« (wie auch »ptGetStrInfo« und »ptGetInfo«) bietet dem User interne Informationen, wie hier beispielsweise über die Anzahl Zeichen pro Zeile beim aktuellen Font (Standard: Font 0).

Zeile 008: Ein Ausgabebefehl übergeht nur in Ausnahmefällen eine Zeile. Das Programm mag jedes Zeichen innerhalb einer Zeile so oft überschreiben, bis der Befehl »ptSkip(x)« (= x Zeilen vorrücken) den Druckkopf in Richtung einer der nächsten Zeilen vorrückt.

Zeile 011: »ptPrintLeftNow« wird jeder Programmierer schätzen lernen. Der Befehl gibt ohne weitere notwendige Angaben über Ausrichtung, rechte Grenze, o. ä. den aktuellen String linksbündig ab der angegebenen Stelle bis maximal zum rechten Rand des Blattes aus.

Zeile 016: Ein weiterer Standardbefehl: »ptClosePrinter«. Diese Funktion macht jeglichen, von der Toolbox belegten Speicher für anderweitigen Gebrauch frei und schließt den Drucker-Stream.

Dem aufmerksamen Leser fiel sicherlich auf, daß jeder Befehl der Druckertoolbox mit dem Kürzel »pt« (»printer toolbox«) beginnt. Dies schließt Verwechslungen und Überschneidungen mit anderen Toolboxen aus. Konstanten weisen dasselbe Zeichen in Großschrift vor dem eigentlichen Beginn auf, beispielsweise »PT_CHARSPERLINE« für »Zeichen pro Zeile«.

Alle Maßangaben, hauptsächlich betrifft dies die Spezifizierung der einzelnen Spaltenmaße, haben standardgemäß in cm vorzuliegen. Über »ptDefineUnit« mag der Programmierer dies in inch ändern.

2 Layoutbefehle der Text-Toolbox

2.1 Allgemeines

Bevor sich der Drucker in der Lage befindet, eine Seite wunschgerecht auszugeben, hat ihm ein Programm erst einmal ein exakt spezifiziertes Layout der jeweiligen Seite mit Textinhalten zukommen zu lassen. Ein klassisches Beispiel ist bei dieser Problematik ein Zeitungslayout. Die Kopfzeile darf, ebenso wie eine genormte Fußzeile, keinesfalls fehlen. Dann finden sich über die Seite verteilt einige Textabschnitte, typografisch gut voneinander abgehoben, welche wiederum selbst in mehreren Spalten Platz finden. Ansprüche wie diese sind tagtäglich gegeben und dennoch eine große Herausforderung an den Programmierer bzw. die verwendeten Toolboxen. Dieses Kapitel wird einige durchaus brauchbare Hilfsmittel der Druckertoolbox vorstellen, welche dem ambitionieren Softwarehersteller einiges an Arbeit abnehmen können.

An dieser Stelle ein paar Worte zur Druckerausgabe: Konventionelle Druckertoolboxen greifen ausschließlich auf C-spezifische Funktionen zur Ausgabe zurück. Dies bringt den gewichtigen Nachteil mit sich, daß MS-DOS jedesmal, wenn sich der Drucker nicht ansprechen läßt, folgenden String ausgibt und eine Antwort auf denselben erwartet:

```
Write fault error writing device LPT1
Abort, Retry, Ignore, Fail?
```

Die Druckertoolbox läßt dem Programmierer die Wahl. Über eine Initialisierung mit »ptInitPrinter« sieht er sich in der Lage, diese herkömmliche Methode anzuwenden. Die Alternativfunktion »ptScanInitPrinter« dagegen verwendet maschinennahe Interrupts, über welche ein Abfangen dieser Meldung erreicht wird.

2.1.1 Spalten

Der Begriff »Spalte« dürfte jedem Menschen etwas sagen, welcher schon einmal Zeitung gelesen hat. Die seltsame Angewohnheit derselben, einen Text nicht durchgehend von links nach rechts zu drucken, sondern in kleinen Abschnitten unterteilt, sticht jedem ins Auge. Ein anderes Beispiel stellt die Marginalspalte vor, ein gewisser Platz zwischen dem äußersten Rand eines Papiers und dem beginnenden Text. Diese Spalte birgt meist Anmerkungen, Hinweise auf Erläuterungen und ähnliches.

Die Definition einer Spalte gestaltet sich recht einfach. Im Prinzip haben Sie dem Rechner lediglich mitzuteilen, zwischen welchen linken und rechten Grenzen Text auszudrucken ist. Die Tatsache, daß diese Grenzbemessung nicht in obskuren, hardwarenahen Einheiten, sondern in cm oder inch vorgenommen wird, gilt als selbstverständlich. Die Umrechnung in die vom jeweiligen Drucktyp benötigt Minimaleinheit nimmt das Programm selbst vor. Die Gewähr, das Programm auf andere Drucker portieren zu können, besteht demnach beinahe uneingeschränkt.

Um nicht bei jedem Zurückgreifen auf Spalten die gewünschten Grenzwerte angeben zu müssen, repräsentiert je ein Zahlenwert eine Spalte mit den Informationen über die rechte und linke Grenze. Der Befehl dazu: ptDefineColumn(Spalte, Links, Rechts), genauere Erläuterungen siehe Referenzteil. Der Spalten vertretende Wert hat dabei in keiner bestimmten Reihenfolge vorzuliegen. Der Programmierer mag die erste Spalte mit der Nummer 100, die zweite mit 77 oder ähnlichem definieren, Konsequenzen ergeben sich keine. Dennoch scheint es vorteilhaft, die inkrementierende Reihenfolge von 1 aufwärts (1,2,3,4,...) zu verwenden, da hierdurch Verwechslungen vermieden werden. Oder wer kann sich später noch daran erinnern, welche Spalte durch Wert 6778 vertreten wird?

Die Befehle zum Einpassen von Text in Spalten weisen eine recht einfache Gestalt auf. Beispiel: ptPrintInColumnNow(Text, Spalte, Ausrichtung). Lediglich der gewünschte Text, der Zahlenwert der Spalte (über ptDefineColumn) und die Art der Ausrichtung (linksbündig, rechtsbündig, zentriert, Blocksatz) bleibt aus dem Wust verschiedenster Parameter übrig.

2.1.2 Zeilen und Zwischenzeilen

Die Überschrift wirft gleich eine Frage auf: Ist es nicht selbstverständlich, daß der Drucker mit der obersten Zeile den Ausdruck beginnt, dann seinen Druckkopf eine Zeichenhöhe plus kleinem Abstand in vertikaler Richtung bewegt und weiterarbeitet? Der hierbei gültige Befehl: ptSkip(AnzahlZeilen). Wenn dies auch die Norm darstellt, niemand zwingt uns dazu, diese einzuhalten.

Man stelle sich nur einmal vor, ein Anwender möchte ein genormtes Formular per Drucker ausfüllen. Niemand wird ihm garantieren, daß die einzelnen Eintragungskästchen mit den ganzzahligen Zeilennummern des Druckers zusammenstimmen werden. Nicht im Normal-, sondern im Regelfall wird er an einer exakten vertikalen Positionierung nicht vorbeikommen.

In den meisten Fällen gibt sich diese weitaus wichtiger als eine exakte horizontale Positionierung, da es hier nicht auffällt, ob sich zwischen dem linken Rand des Eintragungskästchens und dem ersten Buchstaben ein paar Leerzeichen mehr oder weniger den Platz teilen. Paßt der Text in der Vertikale nicht in diese Eintragungsbox, scheint das Desaster perfekt. Eine unprofessionelle Aufmachung schreckt viele Kunden ab.

Die Lösung der Druckertoolbox: ptSkipExact und ptSkipExactStandard. Der erste von beiden Befehlen arbeitet druckerspezifisch. Er weist den Drucker an, seinen Kopf um eine kleinstmögliche Einheit nach unten zu verschieben. Durchaus verständlich, daß dieser Wert von Modell zu Modell abweicht. Letztere Funktion, ptSkipExactStandard, arbeitet drukkerunabhängig. Sie läßt den Druckkopf um den Standardwert 1/48 Zoll vorrücken. Dieser zunächst seltsam anmutende Wert findet seinen Ursprung in der Tatsache, daß 1/48 Zoll durch Vielfache der minimalen vertikalen Bewegungseinheiten von beinahe jedem grafikfähigem Drukker exakt ausgeführt werden kann. Portabilitätsprobleme treten so gut wie keine auf. Selbst der Standardzeilenabstand von 1/6 Zoll (= 8/48 Zoll) läßt sich exakt weiterleiten.

2.1.3 Horizontales

Es existieren zwei grundlegend verschiedene Möglichkeiten, die horizontale Bemessung der Spalten vorzunehmen. Einmal, wie die vertikale Bewegungsfunktion vorgeht, in einer gewissen minimalen Einheit, welche die Breite eines Zeichens im Regelfall um ein Vielfaches unterbietet. Die andere Möglichkeit: Wir nehmen als minimale horizontale Bewegungseinheit die Breite eines Zeichens. Letzteres findet aus zwei Gründen bei dieser Toolbox Anwendung: Wie zuvor angesprochen, kommt es nur in seltensten Ausnahmefällen zu dem Problem, einen Buchstaben auf den Zehntelmillimeter genau in der Horizontale zu plazieren; viel wichtiger ist doch, daß Buchstabe unter Buchstabe steht und nicht die eine Zeile im Vergleich zu einer anderen leicht versetzt ist. Außerdem benötigen Programmierer unendlich Zeit, um beispielsweise die Position eines Eckstückes einer Tabelle exakt zu positionieren.

In unserem Fall sitzt das gute Stück – bei einer ungenauen Positionierung – eindeutig ein Zeichen rechts oder ein Zeichen links neben dem vorigen. Das Positionierungsproblem löst sich durch geringfügiges Angleichen der Positionswerte. Die Positionierung auf den Hundertstelmillimeter könnte Stunden in Anspruch nehmen, vor allem bei den Compiliergeschwindigkeiten moderner Compiler.

Zum zweiten, das jedoch mehr als Nebeneffekt, gestaltet sich die Definition neuer Druckertreiber ein wenig einfacher; muß der Kunde doch nicht mehr das Handbuch nach dem komplizierten Positionierungscode durchstöbern.

2.1.4 Trap (engl. Falle)

Jedes Englischlexikon verrät, daß sich hinter dem Begriff »Trap« eine Falle verbirgt, etwas Unerwartetes also, in welches sich eine Person oder eine Sache ungewollt verfangen soll. In diesem Fall trifft die Definition recht gut zu.

Der Programmierer sieht sich in der Lage, über die Funktion ptDefineTrap(Zeilennummer, Funktion) ein Trap zu definieren. Dabei geschieht folgendes: Erreicht das Programm via ptSkip, ptSkipExact, ptSkipExact

Standard oder die Buffer-Ausgabebefehle ptSendBuffer, ptSendPCXBuffer (dazu später mehr) die angegebene Zeile, wird die weitere Ausgabe für diese Zeile unterbrochen und eine angegebene Funktion aufgerufen. Selbstverständlich darf diese keine Befehle enthalten, welche den Druckkopf zu einer vertikalen Bewegung bringen, da das Programm nach Aufruf der Funktion mit dem Bedrucken der aktuellen Zeile fortfährt. Wichtig für den Programmierer ist dabei, daß die aufzurufende Funktion keinerlei Parameter oder Rückgabewerte besitzen darf, andernfalls verabschiedet sich der Rechner beim Starten des Programms in die ewigen Resetgründe (siehe auch im Referenzteil).

Ein konkretes Beispiel wird die Problematik verdeutlichen:

```
001: #include "PRTOOLS.C"
002:
003: void Aufzurufen( void )
004: {
005:        ptPrintAutoNow( "Sie sehen Zeile 20", 2, 6, PT_CENTER );
006: }
007:
008: void main( void )
009: {      /* Zuvor: Initialisierung des Druckers */
010:        ptDefineTrap( 20, Aufzurufen );
011:        ptNextPage();
012:        /* Danach: Toolbox-Verwendung wieder einstellen */
013: }
```

Hierbei geschieht folgendes: Zeile 10 befiehlt, bei Erreichen der Zeile 20 die Funktion »Aufzurufen« anzuspringen, unabhängig davon, was diese bewirkt. Nach der Ausführung arbeitet das Programm weiter, als sei nichts geschehen. In unserem Fall gibt es die aktuelle Seite komplett aus.

Nochmals sei ausdrücklich darauf hingewiesen, daß die aufzurufende Funktion *unbedingt* in folgender Form vorzuliegen hat:

```
void FUNKTIONSNAME ( void )
```

Parameter oder Rückgabewerte sind strikt verboten. Verwendet ein Programm diese dennoch, wird der Computer nach Erreichen der Aufrufzeile nicht mehr in der Lage sein, weiterzuarbeiten...

2.2 Sofortausgabe- / Bufferbefehle

Die Toolbox verfügt über zwei grundlegend verschiedene Arten, Text- und Layoutdaten zu verwalten. Die erste und plausibelste Möglichkeit läßt sich leicht verstehen; der Drucker gibt die Daten sofort an den Drukker weiter. Die zweite jedoch legt die gesamten Daten im Speicher des Computers ab und gibt sie erst bei Aufruf einer Ausgabefunktion an den Drucker weiter. Welche Vor- und Nachteile daraus entstehen, werden die folgenden Zeilen klären.

2.2.1 Sofortausgabebefehle

Beinahe jede konventionelle Druckertoolbox sendet die vom Anwender gewünschten Daten ohne jeglichen Umweg an den Drucker. Dies spart Speicher und läßt sich programmtechnisch relativ einfach realisieren.

Der gewichtige Nachteil dieser Vorgehensweise liegt jedoch auf der Hand. Man stelle sich vor, der Anwender wünscht, eine ausgefüllte Tabelle auf dem Drucker auszugeben – für den Programmierer harte Knochenarbeit. Selbstverständlich muß bei den einzelnen Linien der Zeilenabstand korrigiert werden, sie haben in der Vertikale schließlich ein Glied zu bilden. Der Text wiederum sollte natürlich in gewöhnlichem Zeilenabstand vorliegen und so weiter. Wäre es nicht viel günstiger, das Gerüst der Tabelle separat zu erstellen, um danach in gewohntem Zeilenabstand dieselbe auszufüllen? Die Bufferbefehle lassen diesen Traum wahr werden.

2.2.2 Bufferbefehle

Wie schon angesprochen, legt der Rechner bei Verwendung von Bufferbefehlen alle Druckdaten im Speicher ab. Der Ausgabebefehl ptSendBuffer, bzw. ptSendPCXBuffer (bei zusätzlicher Buffer-Ausgabe von PCX-Grafiken) sendet danach alle Daten automatisch in der richtigen Reihenfolge an den Drucker, selbst bei verwirrendster Verwendung minimaler, vertikaler Bewegungseinheiten.

So ist es ohne größere Hindernisse möglich, zuerst das »Drumherum« einer Tabelle an den Drucker zu senden und danach erst den eigentlichen Inhalt, vielleicht sogar unter Verwendung eines weiteren Fonts.

Der Nachteil dieser Methode liegt auf der Hand: Die Verwaltungstechnik belegt große Mengen Speicher. Werden mehrere Spalten über mehrere Zeilen nebeneinander angeordnet übergeben, hat der Computer für jede Zeile einer jeden Spalte folgende Daten im Speicher dynamisch abzulegen:

`CHAR*`	`Text`	Zeiger auf Text [2 Byte] und Text
`BOOL`	`BoldPrint`	Fettdruck an/aus [1 Byte]
`BOOL`	`Underline`	Unterstreichen an/aus [1 Byte]
`BOOL`	`Italic`	Kursiv an/aus [1 Byte]
`WORD`	`Font`	Zeichensatznummer [2 Byte]
`BYTE`	`Ausrichtung`	Ausrichtung des Textes [1 Byte]
`WORD`	`Line`	Auszugeben ab Zeile [2 Byte]
`SWORD`	`ExactVerPos`	Minimale vertikale Bewegungseinheiten, zusätzlich zur Zeile [2 Byte]
`DOUBLE`	`Left`	Linke Grenze [8 Byte]
`DOUBLE`	`Right`	Rechte Grenze [8 Byte]

Summa summarum ergibt das 28 Byte pro Zeile per Spalte. Bei drei nebeneinanderliegenden Spalten und 50 Zeilen pro Seite ergibt dies 3*50*28 Byte = 4.200 Byte, wobei noch kein einziges Zeichen Text gespeichert wurde. Dies sind zusätzlich bei durchschnittlich 20 Zeichen pro Spalte 3*50*20 = 3.000 Byte, zzgl. C-interner Verwaltungsspeicher von 5 Byte pro Texteintrag und damit 3*50*5 = 750 Byte. Insgesamt ergibt dies einen Speicherplatzanspruch von 7.950 Byte für eine Seite. Eine beachtliche, aber dennoch verschmerzbare Menge.

Bufferbefehle unterscheiden sich von den Sofortausgabe-Befehlen durch die Endung. »Now« steht anstelle des sofortigen Ausdrucks, »Buffer« repräsentiert die Speicherverwaltung. ptPrintAutoNow gibt Text demnach sofort an den Drucker , ptPrintAutoBuffer an den Speicher weiter.

Bezüglich der Parameter unterscheiden sich die Bufferbefehle von ihren anderen Artgenossen in der Hinsicht, daß zusätzlich die vertikale Position des Textes bekannt zu sein hat. Schließlich geben Sofortausgabe-Befehle nicht auf die vertikale Position des Druckkopfes acht, sie korrigieren lediglich die horizontale. Im Regelfall wünscht die Toolbox folgende Positionsparameter vor den anderen, auch bei »Now«-Funktionen üblichen Parametern vorzufinden:

```
WORD    Zeile
WORD    VerUnits
```

Der erste Parameter (»Zeile«) gibt die Position des Textes in ganzen Zeilen an. »2« bedeutet, daß der Text eine Zeile unter der ersten gedruckt wird.

»VerUnits« gibt die Anzahl minimaler, vertikaler Standardeinheiten zu 1/48 Zoll an, um welche bei Erreichen der angegebenen Zeile der Druckkopf zusätzlich nach unten bewegt werden soll.

Hat der Programmierer nun alle Texte, Bilder und ähnliches via Bufferbefehle an den Speicher weitergeleitet, fehlt lediglich noch die Ausgabe auf dem Drucker. Dabei gilt folgendes zu beachten:

Wie schon besprochen, sollte ein Programm nicht die Ausgabe einer Grafik erfordern, so wäre es unnötig und verschwenderisch, den Grafikteil der Toolbox einzubinden. Aus diesem Grund existieren zwei verschiedene Funktionen, welche die im Speicher zwischengelagerten Daten an den Drucker senden. Die eine (ptSendPCXBuffer) ist in der Lage, auch Grafiken weiterzuleiten und kann in der Grafiktoolbox vorgefunden werden, schließlich greift sie auf Funktionen derselben zurück. Die andere (ptSendBuffer), aus dem Textteil der Toolbox, verwendet bewußt keine Programmzeile des Grafikteils und vermag aus eben diesem Grund auch keine Grafik auszugeben.

Selbstverständlich löscht der Ausgabebefehl (ptSendPCXBuffer bzw. SendBuffer) nicht die im Speicher befindlichen Daten. Das Programm kann diese so oft ausgeben, bis sie über ptEmptyBuffer gelöscht werden.

An dieser Stelle noch einige Worte zu einer druckertechnischen Problematik:

Jeder Drucker läßt zwischen dem linken Blattrand und der äußersten linken Stelle, an welcher er das erste Zeichen auszugeben vermag, einen gewissen Platz. Unglücklicherweise weicht dieser von Modell zu Modell, selbst unter Druckern derselben Bauart, teilweise nicht unbeträchtlich voneinander ab; eine ärgerliche Sache, vor allem beim Ausfüllen von Formularen.

»ptDefineLeftMargin« erlaubt nun, das gesamte Druckbild um eine gewisse Strecke (in cm oder inch) nach rechts zu verschieben, um dadurch eine druckerspezifische Seitenanpassung zu erlauben.

Ähnliche Probleme bei der vertikalen Positionierung des Druckbildes lassen sich über »ptSkip«, »ptSkipExact« und »ptSkipExactStandard« lösen.

3 Grundfunktionen der Grafik-Toolbox

3.1 Grafiken

Das Thema Grafik ist vielseitig und nie zur Zufriedenheit aller zu klären. In der Zwischenzeit gibt es Zeichenprogramme wie Sand am Meer, die einen vektor-, die anderen pixelorientiert. Unglücklicherweise haben viele Hersteller mit der Einführung ihres Grafikprogramms einen neuen Standard auf den Markt gebracht. So versteht Programm A das Aufzeichnungsverfahren von Programm B nicht und umgekehrt.

Um den Speicherbedarf möglichst gering zu halten, »versteht« die Druckertoolbox lediglich ein Aufzeichnungsverfahren, das sich jedoch eine Vormachtstellung auf dem Markt erworben hat: das PCX-Format (auch PC-Paintbrush-Format genannt) aus dem Hause ZSoft. Beinahe jedes moderne Programm kann ein Bild in dieses Format zu exportieren.

Dabei gilt folgendes zu beachten: Ein PC-Paintbrush-Bild kann auf zwei verschiedene Arten gespeichert sein. Einmal existiert die Full-Screen-Version, die ein über den gesamten Bildschirm reichendes Bild in einer Datei ablegt. Die andere Methode speichert lediglich einen Ausschnitt, einen sogenannten Brush oder Pinsel. Die Toolbox erkennt automatisch, unabhängig vom Suffix des Dateinamens, um welche Art von Grafikdatei es sich handelt, und reagiert entsprechend.

Der Name der Bilddatei hat dabei in vollständiger Fassung vorzuliegen, das heißt, er muß auch die Endung beinhalten (Beispiel: BILD.PCX). Keinesfalls darf der Programmierer jedoch einen Pfadnamen, eine Laufwerksbezeichnung oder ähnliche Erweiterungen angeben. Das jeweilige Verzeichnis bzw. Laufwerk hat zuvor über C-spezifische Funktionen angewählt zu werden.

Ähnlich geht die Auswahl des jeweiligen Druckertreibers vor sich. Pfad und Laufwerksdaten bleiben verboten, jedoch auch die übliche Endung der Druckerdatei (.PX) darf nicht angegeben werden; der Name selbst (z.B. HPLASER) reicht vollkommen aus.

An dieser Stelle ein paar Worte zur Druckerausgabe: Konventionelle Druckertoolboxen greifen ausschließlich auf C-spezifische Funktionen zur Ausgabe zurück. Dies bringt den gewichtigen Nachteil mit sich, daß MS-DOS jedesmal, wenn sich der Drucker nicht ansprechen läßt, folgenden String ausgibt und eine Antwort auf denselben erwartet:

```
Write fault error writing device LPT1
Abort, Retry, Ignore, Fail?
```

Die Druckertoolbox läßt dem Programmierer die Wahl. Über eine Initialisierung mit »ptInitPrinter« sieht er sich in der Lage, diese herkömmliche Methode anzuwenden. Die Alternativfunktion »ptScanInitPrinter« dagegen verwendet maschinennahe Interrupts, über die ein Abfangen dieser Meldung erreicht wird.

Die Farben der Grafiken werden schwarz/weiß via Druckmuster kontrastreich wiedergegeben. Die Toolbox verwendet dabei in jedem Fall die Originalgröße des jeweiligen Musters; die Skalierung desselben bleibt Tabuthema. Bei einer höheren Auflösung des Druckers wird demnach einfach das Druckmuster öfter dargestellt. Die Pixel verbleiben in ihrer Minimalgröße. Die Technik verspricht sowohl bei hohen als auch niedrigen Auflösungen respektable Ergebnisse. Einzelne Punkte wirken nie »klobig«.

Die Druckertoolbox ermöglicht es dem Programmierer, die Druckmuster für alle 16 unterstützten Farben umzudefinieren, falls er dies für notwendig halten sollte. Jedes einzelne baut dabei auf eine 8x8-Pixel-Matrix, zu deren Realisierung die Umdefinierungsfunktion 8 Zahlenwerte benötigt.

Die Berechnung derselben läßt sich am besten an einem einfachen Beispiel demonstrieren:

128	64	32	16	8	4	2	1	Werte
X		X		X		X		170
	X		X		X		X	85
X		X		X		X		170
	X		X		X		X	85
X		X		X		X		170
	X		X		X		X	85
X		X		X		X		170
	X		X		X		X	85

Ein Beispiel: Um Farbe 15 (weiß) mit dem eben vorgestellten Muster auszudrucken, wäre folgende Anweisung notwendig:

```
ptDefinePattern( 15, 170, 85, 170, 85, 170, 85, 170, 85 );
```

An dieser Stelle eine Anmerkung: Die Druckertoolbox unterstützt alle PCX-Grafikmodi bis einschließlich 16 Farben. Der erst kürzlich hinzugekommene 256-Farbmodus wird nicht unterstützt. Der Grund ist plausibel: Die Druckertoolbox wurde nicht darauf ausgelegt, ganzseitige Titelbildgrafiken zu Papier zu bringen. Die beinahe unendlich feinen Abstufungen würden völlig untergehen. Vielmehr soll dem Anwender die Möglichkeit gegeben werden, schematische Skizzen, Logos, usw. ausdrucken zu können. In den meisten Fällen ergeben sich die besten Resultate unter Verwendung lediglich einer bis maximal vier Farben. Farbverläufe und ähnliche Effekte lassen sich nur über High-End-Farbdrucker in respektabler Qualität wiedergeben und werden mangels Nachfrage von der Toolbox nicht unterstützt (wohingegen eine Schwarzweißausgabe der Grafiken durchaus möglich ist).

Zum Abschluß des Kapitels eine Übersicht über alle 16 EGA-Farben, die genauso bei VGA-Karten Anwendung finden:

Farbnummer	Farbe
0	schwarz
1	blau
2	grün
3	türkis
4	rot
5	fuchsienrot
6	braun
7	hellgrau
8	dunkelgrau
9	hellblau
10	hellgrün
11	helltürkis
12	hellrot
13	hellfuchsienrot
14	gelb
15	weiß

Selbstverständlich stellt diese Palette, die Anordnung und der Ton der Farben also, einen Richtwert dar, wie er in der Praxis oft Anwendung findet. Da manche Programme davon abweichen, kann kein allgemeingültiges Rezept verschrieben werden.

Die Berechnungsroutinen Grafik-Druckbild sind klar aufgebaut, gegliedert und leicht selbst nachzuvollziehen. Sie weisen zwar nicht ein Optimum an Geschwindigkeit auf, benötigen aber wenige Druckersequenzen und garantieren maximale Portabilität. Der Kunde wird sich nie in der Lage vorfinden, in seinem Druckerhandbuch exotischste Codes auffinden zu müssen.

Die Angaben werden den tagtäglich gefragten Standard nur in Ausnahmefällen überschreiten. Wie schon zuvor angesprochen, sind die Funktionen nicht auf Ausgabe großartiger Titelbilder, sondern von kleinen Logos, Zeichen u. ä. ausgelegt.

Eventuell können bei Verwendung eines hochoptimierenden Compilers Probleme mit dem Grafikteil der Toolbox auftreten. Deaktivieren Sie in diesem Fall die Optimierung während des Grafikteils der Toolbox. Zwar traten diese Probleme bei noch keinem verwendeten Compiler auf, denkbar sind sie aber dennoch.

Ein Demoprogramm wird an dieser Stelle helfen, das eben aufgeführte schneller in die Praxis umsetzen zu können.

```
001: #include "PRTTOOLS.C"
002: #include "PCXTOOLS.C"
003:
004: void main ( void )
005: {
006:         ptInitPrinter( "EPSON" );
007:         ptDefinePattern( 15, 170, 85, 170, 85, 170, 85, 170, 85 );
008:         ptPrintImageNow( "ESC9x120", "BILD.PCX", 4, 4, 1 );
009:         ptClosePrinter();
020: }
```

Dieses Programm initialisiert anfangs (Zeile 6) den Drucker (in diesem Fall lädt es den Treiber EPSON.). Die zweite Zeile definiert das Druckmuster für den Farbton weiß (Nummer 15) um. Daraufhin wird in Zeile 8 des Programms eine Besonderheit der Drucktoolbox ersichtlich; um keinen wertvollen Speicher zu verschenken, lädt die Toolbox den jeweiligen Treiber kurzfristig von Disk (Dateiname ESC9x120.PX) und gibt das Bild BILD.PCX in der Größe 4 x 4 cm (Standardeinheit) 1 cm rechts vom linken Rand aus. Daraufhin beansprucht der Grafiktreiber keinerlei Speicherplatz mehr.

»ptClosePrinter« gibt schließlich allen von der Toolbox belegten Speicher frei und schließt den Druckerstream. Das Programm hat zum Ausgangszustand zurückgefunden.

4 Definition neuer Text-Druckertreiber

4.1 Neue Text-Treiber

Die Druckertoolbox unterstützt die Standarddrucker Escape-9-Nadler (z.B. Epson FX/LX-Serie), Escape-24-Nadler (z.B. Epson LQ, NEC 24-Nadler, Citizen-24-Nadler), HP-Laser-Jet (alle HP-kompatiblen Laserdrucker) und HP-Deskjet (alle HP-kompatiblen Tintenstrahler). Auf den ersten Blick mag es unverständlich erscheinen, wie eine beschränkte Menge an Druckertreibern praktisch alle auf dem Markt erhältliche, grafikfähige Drucker umfassen kann. Die Lösung ist recht einfach: Große Firmen, wie Epson im Nadler- und Hewlett Packard im Laser- und Tintenstrahlerbereich, haben durch riesige Verkaufszahlen dem Markt ihren Standard »aufgezwungen«. Da beinahe alle Programme diese Standarddrucker der »Großen« unterstützen, integrierten die meisten Hersteller eine Kompatibilität zu diesen in ihre Modelle. Um die Fähigkeiten des jeweiligen Druckers voll ausschöpfen zu können, hat der ambitionierte Anwender lediglich nicht-definierte, für ihn wichtige Schriften via Treiberdefinitionsprogramm hinzuzufügen.

Die folgenden Zeilen werden die Definition eigener Treiber für die Textausgabe eingehend besprechen. Das nächste Kapitel wird das Generieren eigener Grafiktreiber näher erläutern.

Selbstverständlich ist jeder Programmierer daran interessiert, dem Anwender die Möglichkeit zu bieten, Druckertreiber vom jeweiligen Anwenderprogramm aus generieren lassen zu können. Ein separates, von der Handhabung völlig ungewohntes Produkt hinterläßt selten einen guten Eindruck. Aus diesem Grund wird sich Kapitel 7 mit den Details der Treiberdateien beschäftigen; doch nun zum eigentlichen Thema.

Der Dateiname einer Text-Treiberdatei besteht lediglich aus dem Namen des Druckers, ohne Suffix. Beispiel: Sie nennen unter »Name des Druckers« (s. u.) ihren Drucker HPLASER, so werden die nachfolgend angegebenen Daten in der Datei HPLASER. gespeichert. Um Überschneidungen mit den Grafiktreibern zu verhindern, verwendet das Grafik-Treiber-Generierungsprogramm zusätzlich die Endung .PX; in unserem Fall hieße das Datenfile also HPLASER.PX. Die Druckertoolbox arbeitet automatisch mit dem jeweils notwendigen Suffix. Dem jeweiligen Initialisierungsbefehl genügt in jedem Fall der Druckername.

Im folgenden wird der aufmerksame Leser eine Erläuterung zu den einzelnen Punkten des Generierungsprogramms vorfinden.

4.1.1 Name des Druckers

Der Name des Druckers ist für die toolboxinterne Verwendung verständlicherweise von keinem großen Nutzen. Vielmehr werden alle im folgenden eingegebene Daten in einer Datei dieses Namens ohne Suffix untergebracht. Nennt der Anwender den Drucker beispielsweise EPSON, wird er seine Daten in der Datei EPSON. wiederfinden. Damit keine Überschneidungen auftreten, verwendet das Grafik-Treiber- Generierungsprogramm das Suffix .PX. In unserem Fall hieße die Datei demnach EPSON.PX. Unglücklicherweise reserviert DOS maximal 8 Zeichen für einen Dateinamen (excl. Suffix). Aus diesem Grund darf der Name eine Länge von 8 Buchstaben nicht überschreiten und keine von DOS verwendeten Sonderzeichen – Backslash (»\«) o. ä. – enthalten.

4.1.2 Port oder Dateiname

Diese ebenfalls maximal 8 Zeichen lange Eingabe spezifiziert den Ausgabedateinamen eines Druckes. Gibt der Anwender beispielsweise »lpt1« ein, wird der Drucker am parallelen Druckerport angesprochen. Repräsentiert der Name keine Schnittstelle, werden die Daten in einer Datei von eben diesem Namen abgelegt. Eine Eingabe wie TEST würde die Daten später in die Datei TEST. im aktuellen Verzeichnis verbannen.

4.1.3 Reset Codes (Hex)

Diese Eingabeaufforderung erwartet – wie übrigens alle folgenden »... Codes (Hex)«-Abschnitte – eine beinahe beliebig große Anzahl Hexadezimalzahlen (auch keine Einträge sind möglich), welche, wenn an den Drucker gesandt, ihn die gewünschte Wirkung erzielen lassen. Die Druckerhandbücher bieten bei allen Befehlen in fast allen Fällen eine Darstellung derselben in beiden Zahlensystemen, im Hexadezimal- und Dezimalsystem.

Für den Einsteiger: Das Hexadezimalsystem unterscheidet sich vom Dezimalsystem in der Hinsicht, daß es anstelle von 10 ganze 16 verschiedene Ziffern kennt (0 bis 9 und a bis f).

Jede hier angegebene Zahl hat zweistellig vorzuliegen; der Anwender muß beispielsweise für die Zahl 7 den Wert 07, für die Zahl B3 den Wert B3 usw. angeben.

Doch nun genug der Ausschweifungen. Eine Reset-Sequenz sollte dem Drucker folgende Befehle erteilen:

- Druckerreset durchführen
- Seitenausrichtung: Hochformat (v.a. bei Laserdruckern)
- Deutschen Zeichensatz aktivieren

Die Standardschriftart wird beim Druckerreset automatisch reaktiviert (Font 0).

4.1.4 Fettdruck an – Codes (Hex)

Auch an dieser Stelle wartet das Programm auf eine Reihe Hexadezimalzahlen, welche einen Fettdruck auf dem Drucker ermöglichen sollen. Der Anwender sei dazu angehalten, sollte sich das Druckerhandbuch über Fettdruck in Stillschweigen hüllen, unter dem englischen Begriff *Bold Print* nachzusehen; dieser Ausdruck hat sich schon als durchaus hoffähig erwiesen.

4.1.5 Fettdruck aus – Codes (Hex)

Fettdruck wird zwar des öfteren benötigt, möchte der Übersichtlichkeit wegen jedoch nur sparsam eingesetzt sein. Aus diesem Grund scheint diese Deaktivierungsfunktion unabdingbar.

4.1.6 Unterstreichen an – Codes (Hex)

Ebenfalls eine Standardfunktion. Auch in diesem Fall mag das Druckerhandbuch Informationen hinter dem Begriff *underline* (eng. = unterstreichen) verstecken.

4.1.7 Unterstreichen aus – Codes (Hex)

Wiederum ein Antonym. Die erwarteten Codes sollen den Drucker dazu bewegen, den Unterstreichmodus zu deaktivieren.

4.1.8 Kursiv an – Codes (Hex)

Wiederum eine nicht gerade selten benötigte Funktion. Wie schon viele Male zuvor, mag auch in diesem Fall das Druckerhandbuch Informationen hinter einem englischen Begriff *italic* (engl. = kursiv) verstecken.

4.1.9 Kursiv aus – Codes (Hex)

Das Gegenteil zur vorhergehenden Druckerfunktion. Die erwarteten Codes sollen den Drucker dazu bewegen, den Unterstreichmodus zu deaktivieren.

An dieser Stelle bietet der Rechner zwei Möglichkeiten zur Auswahl (»Werte übernehmen (J/N)?«). Einmal sieht sich der Anwender in der Lage, eingegebene Codes korrigieren (Antwort »N«, Eingegebenes wird nicht vergessen, Korrekturen zum Kinderspiel) oder mit der Eingabe fortfahren zu können.

4.1.10 Code für »1 Zeichen zurück« (Hex, meist 08)

Praktisch alle Drucker bieten die Möglichkeit, den Druckkopf um ein Zeichen zurückzubewegen. Damit ist es beispielsweise möglich, ein Zeichen mehrmals zu überschreiben (durchstreichen o.ä.). Die großen Hersteller gehen dabei vom ASCII-Standard aus: »08«.

4.1.11 Code für »neue Seite« (Hex, meist 0C)

Auch hier entsprechen beinahe alle Hersteller dem ASCII-Standard. Der Wert »0C« repräsentiert den Beginn einer neuen Seite.

4.1.12 Minimale vertikale Bewegungseinheit in 1/n Zoll (dezimal)

Ein paar Worte zur vertikalen Seitenansteuerung der Druckertoolbox. Die Toolbox denkt, wie an anderer Stelle schon angesprochen, nicht zeilenweise. Der Drucker hat in der Lage zu sein, so das Postulat, den Druckkopf in minimalen Schritten (<= 1/48 Zoll) bewegen zu können. Vermag er dies nicht (im Prinzip nur bei nicht-grafikfähigen Druckern wie Typenraddrucker), eignet er sich nicht für den Einsatz.

Hier erwartet das Programm nun die minimale, vertikale Schrittweite des Druckkopfes in 1/n Zoll. Bei Laserdruckern findet beispielsweise der Wert 300 (minimale, vertikale Schrittweite: 1/300 Zoll) Anwendung.

4.1.13 Zeilenabstand in minimalen vertikalen Bewegungseinheiten (dezimal)

Die Toolbox verwendet aus verwaltungstechnischen Gründen zum Überspringen einer Zeile keine ASCII-Kommandos, sondern bewegt den Druckkopf um eine gewisse Anzahl minimaler, vertikaler Bewegungseinheiten. An dieser Stelle hat der Anwender dem Programm mitzuteilen, wie viele dieser Einheiten notwendig sind, um eine ganze Zeile (Standardwert 1/6 Zoll) zu überspringen.

4.1.14 Code vor vertikaler Bewegung (Hex)

An dieser Stelle wünscht der Rechner, diejenige Befehlsfolge vorzufinden, welche *vor* der Anzahl Einheiten eingegeben werden muß, um den Druckkopf in minimalen, vertikalen Einheiten bewegen zu können.

4.1.15 Code nach vertikaler Bewegung (Hex)

Diesen Wert wird die Toolbox *nach* dem »Code vor vertikaler Bewegung« (s. o.) und der Anzahl minimaler, vertikaler Einheiten an den Drucker senden.

ACHTUNG: Entgegen jeglicher Bemerkungen in den Druckerhandbüchern erfordert diese Funktion bei Nadeldruckern nach Ausführung zusätzlich den ASCII-Befehl »0D«; andernfalls bewegt sich der Druckkopf zu unkontrollierten Gelegenheiten.

4.1.16 Zählerübergabe auf HP-Laser- oder ESC-Nadel-Art

Grundsätzlich existieren zwei verschiedene Standards zur Übergabe von Zahlenwerten (in unserem Fall: Anzahl minimaler, vertikaler Einheit) an den Drucker:

a. HP-Laser: Hewlett Packard entschied sich für den Klartextweg. Der Wert 200 beispielsweise wird als »200«-ASCII-String an den Drucker übergeben.

b. ESC-Nadler: Der Erfinder dieses Standards entschied sich für eine andere Lösung: Der Wert wird als 8-Bit-ASCII-Wert an den Drucker weitergeleitet.

Der Anwender hat zwischen beiden (»H«-Taste für HP-Laser-Standard / »E«-Taste für ESC-Nadel-Standard) zu wählen.

Nach einer wiederholten Übernahmebestätigung (»Werte übernehmen (J/N)?«, siehe auch oben) findet sich der Anwender im Schriftartendefinitionsteil wieder. Der erste eingegebene Font (Font 0) wird als Standardfont interpretiert und nach dem Initialisieren des Druckers via Toolbox bzw. nach jedem Resetkommando aktiviert. Alle daraufhin eingegebenen Fonts können später über ptChooseFont angewählt werden. Der Rechner benötigt dazu jeweils drei Angaben:

4.1.17 Name von Font ...

Die Druckertoolbox weiß selbstverständlich nichts mit den einzelnen Fontnamen anzufangen. Der Anwender vermag sie jedoch über den ptGetStrInfo-Befehl abzufragen und in eigenen Programmen weiterzuverwenden.

4.1.18 Zeichen pro inch (dezimal)

Jede einzelne Schriftart besitzt eine individuelle horizontale Größe: Zeichen pro inch (engl.: Characters per inch). Diesen Wert geben Druckerhandbücher preis.

4.1.19 Initialisierungscode (Hex)

Der Initialisierungscode stellt für den Rechner verständlicherweise den wichtigsten Befehl dar. Die jeweilige Kette Hexzahlen wird jedesmal an den Drucker weitergeleitet, wenn der Anwender über ptChooseFont eine neue Schriftart wünscht.

Hat der Anwender die drei Charakteristiken eines Fonts verraten, stellt ihn der Rechner vor die Qual der Wahl (»Weitere Schriften (J/N)?«). Antwortet er mit der »J«-Taste, erwartet das Programm oben vorgestellte Informationen über den nächsten Font; andernfalls möchte es wissen, ob die Daten auf der Festplatte untergebracht werden wollen oder nicht. Wird diese Frage verneint, gehen alle eingegebenen Daten verloren.

5 Definition neuer Grafik-Druckertreiber

5.1 Neue Grafik-Treiber

Grafikausgabe spielt bei einer konkurrenzfähigen Druckertoolbox eine gewichtige Rolle, müssen derartige Details sonst doch teuer nachgekauft werden. Außerdem wurde Text-Toolbox A von Hersteller B mit 99,99 %-iger Sicherheit nicht auf Grafik-Toolbox C von Hersteller D abgestimmt; ganz zu schweigen von zusätzlichen Problemen, welche bei jedem Update bestimmt auftreten werden.

Lange Rede kurzer Sinn: Eine Kombitoolbox Grafik-Text stellt das Optimum dar. Aus diesem Grund wurden beide, wenn auch noch so verschiedene Ausgabeverfahren in die Druckertoolbox integriert. Dieses Kapitel wird sich nun mit dem Generieren neuer Grafikdruckertreiber beschäftigen. Wie schon mehrfach besprochen, liegen Treiber für folgende Drukker bei:

- Escape-Sequenz-9-Nadler (z.B. Epson 9-Nadler wie LX-, FX-Serie)
- Escape-Sequenz-24-Nadler (z.B. Epson 24-Nadler (LQ-Serie), NEC 24-Nadler, Citizen 24-Nadler)
- HP-PCL-kompatible Drucker (beinahe alle Laserdrucker)
- HP-PCL-kompatible Tintenstrahler (speziell HP-Deskjet-kompatible Drucker)

Dabei haben sich wiederum zwei grundlegend verschiedene Standards durchgesetzt: Der eine stammt von Hewlett Packard, der andere von EPSON. Aus diesem Grund werden die folgenden Zeilen zuerst diejenigen Befehlsfolgen zur Sprache bringen, welche bei beiden übereinstimmen.

Erst danach werden die verschiedenen Standards säuberlich getrennt aufgeführt.

Dem aufmerksamen Leser wird auffallen, daß im Generierungsprogramm Angaben über den Druckerport keine Rolle spielen. Dies findet seinen Ursprung in der Tatsache, daß der Port über die Text-Treiberdatei festgelegt wird.

5.1.1 Name des Druckers

Der Name des Druckers repräsentiert auch in diesem Fall den Namen der Datei, in welcher die Daten später untergebracht werden. Diese Tatsache läßt die maximale Anzahl Zeichen auf 8 schrumpfen und Sonderzeichen (z.B. »\«, ».«, »,« o.ä.) verbieten.

5.1.2 Druckertyp ((HP-Laser, ESC-9-Nadler oder ESC-24-Nadler)

Wie oben angedeutet, scheiden sich die Wege an dieser Stelle. Während 9- und 24-Nadel-Drucker bei der Grafikausgabe nur geringfügige Unterschiede aufweisen, geht Hewlett Packard in eine ganz andere Richtung.

Je nachdem, welchen Druckertyp der Anwender wählt (»H«- Taste für HP-Laser- oder Deskjet-Kompatible, »9« für ESC-9-Nadler und »2« für ESC-24-Nadler), werden die im folgenden gewünschten Angaben von einander abweichen.

Die Initialisierungsvariablen der Toolbox erkennen anhand dieses Bytes, welche Werte einzulesen sind (HP- oder ESC-spezifische).

5.2 HP-Laser-Kompatible

5.2.1 Code VOR Auflösung in DPI (Hex)

Der Druckerstandard von Hewlett Packard verlangt nach Angaben über die Auflösung einer Grafik. Die hier angegebene Hexadezimalzahlenfolge wird die Toolbox dabei *vor* dem eigentlichen »Auflösungscode« (beispielsweise die Zahl »300« für 300 DPI = Dots per inch = Punkte pro inch) an den Drucker weiterleiten.

5.2.2 Code NACH Auflösung in DPI (Hex)

Diese Zahlenfolge geht *nach* dem »Auflösungscode« an den Drucker.

5.2.3 Code für »Grafikmodus an« (Hex)

Dieser Code wird dem Drucker befehlen, in den Grafikmodus zu schalten. Jede Treiberdatei ist dabei in der Lage, nur eine Auflösung zu verwalten. Sollte eine Anwendung deren mehrere erfordern, hat der Programmierer mehrere Treiberdateien für einen Drucker zu generieren.

5.2.4 Code VOR Anzahl Graphic-Bytes (Hex)

An dieser Stelle hat der Anwender diejenige Zeichenfolge preiszugeben, welche vor dem die Anzahl vorhandener Bytes pro Zeile festlegenden Befehl an den Drucker weiterzuleiten ist.

5.2.5 Code NACH Anzahl Graphic-Bytes (Hex)

Code, welcher nach dem vorhergehenden und der korrekten Anzahl Bytes notwendig ist, um dem Drucker die Anzahl Bytes pro Grafikzeile mitzuteilen.

5.2.6 Code für Grafik-Ende (Hex)

Hat der Drucker alle Daten über die Grafik erhalten und verarbeitet, gilt es, den Grafikmodus zu verlassen. Die dafür notwendige Zeichenfolge wird dem Anwender an dieser Stelle abverlangt.

5.2.7 Grafikauflösung in DPI

Last, but not least: die horizontale und vertikale Auflösung der Grafik in DPI (engl.: Dots per inch = Punkte pro inch).

5.3 ESC-9- und 24-Nadler

5.3.1 Code für Zeilenabstand 7/72 Zoll (Hex)

Nadeldrucker geben Grafiken zeilenweise aus. Danach hat der Druckkopf in vertikaler Richtung soweit weiterbewegt zu werden, daß die nächste Grafikzeile exakt an die vorgehende anschließt. Diese Befehlskette sollte dem Drucker den Auftrag geben, bei einem »Neue Zeile«-Kommando entsprechend reagieren zu können.

5.3.2 Code für »Neue Zeile« (Hex)

Gewöhnlich besteht dieser Code lediglich aus den ASCII-Kommandos Newline (engl.: Neue Zeile) und Return (engl.: Rückkehr, hier: Bewegen des Druckkopfes zum Zeilenanfang): »0A« und »0D«.

5.3.3 Code für »Grafikmodus an« (Hex)

An dieser Stelle hat der Anwender jene Befehlskette preiszugeben, welche den Drucker dazu bewegt, den Grafikmodus zu aktivieren. Bei Nadeldruckern gibt diese u. a. die Auflösung der Grafik an.

5.3.4 Code für normalen Zeilenabstand (Hex)

Wie eben ausgeführt, erfordert der Ausdruck einer Grafik die Umdefinition des Zeilenabstandes. Diese Hexadezimalzahlen haben die Aufgabe, den Standardzeilenabstand von 1/6 Zoll zu reaktivieren.

5.3.5 Grafikauflösung in DPI

Nicht nur der Laser-, auch der Nadeldrucker benötigt Angaben über die Auflösung des Grafikmodus. Die Angabe hat dabei in DPI (engl.: Dots per inch = Punkte pro inch) vorzuliegen.

6 Ein praktisches Anwendungsbeispiel

6.1 Eine Anwendung

Die folgenden Zeilen werden ein praxisnahes Anwendungsbeispiel für die Druckertoolbox besprechen: ein Etikettendruckprogramm.

Dieses sollte sich folgendermaßen verhalten:

1. Der Anwender hat einen Text-Druckertreiber zu nennen, beispielsweise HPLASER oder EPSON.
2. Disketten werden üblicherweise fortlaufend numeriert. Die nächste Eingabe bezieht sich daher auf die Diskettenkennung, ein maximal vier Zeichen langer String.
3. Das wichtigste von allem ist selbstverständlich der Inhalt der Diskette. Die nächsten 10 Eingaben des Anwenders werden aus diesem Grund die einzelnen Programme auf dem jeweiligen Datenträger kurz charakterisieren.
4. Zu guter Letzt wird das Programm noch die Frage stellen, ob die Daten auf dem Drucker ausgegeben werden sollen. Beantwortet sie der Anwender positiv (»J«-Taste), beginnt der Drucker zu arbeiten.
5. Bei erfolgtem Ausdruck befiehlt das Programm dem Drucker, den Druckkopf zum Anfang des nächsten Etiketts – von Endlosetiketten wird ausgegangen – vorzurücken.

Das Endprodukt wird nach erfolgreicher Ausführung folgende Gestalt haben:

```
   Discnr.: 1

 Eintrag 1        Eintrag 6
 Eintrag 2        Eintrag 7
 Eintrag 3        Eintrag 8
 Eintrag 4        Eintrag 9
 Eintrag 5        Eintrag 10
```

Das gesamte Programm liegt selbstverständlich auf der Programmdiskette bei.

6.2 Das Program ETIKETT.C

```
#include <stdio.h>
#include <conio.h>
#include <ctype.h>

#include "prttools.c"

double SpacePerEntry = 1.575,   /* Pro Eintrag 1.575 Zoll Platz */
       SpacePerLine  = 3.35,    /* Pro Zeile 3.35 Zoll Platz    */
       CharsPerInch,            /* Zeichen pro inch             */
       InchesPerChar;           /* Inch pro Zeichen             */
char   PrinterDriver[9],        /* Name des Druckertreibers     */
       DiscNr[5],               /* Nummer der Diskette          */
       DiscContent[10][31],     /* Die einzelnen Einträge       */
       Answer;                  /* J/N-Antwort                  */
int    Entries = 0,             /* Anzahl vorhandener Einträge  */
       LettersPerEntry,         /* Buchstaben pro Zeile         */
       Count,                   /* Schleifenzähler              */
       Count2;                  /* Schleifenzähler              */


void EmptyLine( void )
{
     ptPrintLeftNow( "‖", 0 );
     ptPrintLeftNow( "‖",  ( SpacePerLine - InchesPerChar ) );

     ptSkipExactStandard( 4 );
```

```

}

void main( void )
{

    clrscr();  /* Muß bei MS-Compilern entfallen */
    printf("\n\r\n\r Name der Druckertreiberdatei (max. 8
            Buchstaben): ");
    scanf( "%s", PrinterDriver );

    if ( ptInitPrinter( PrinterDriver ) < 0 )
    {
        printf("\n\r\n\r ** Druckertreiber nicht gefunden/Drucker
               nicht ansprechbar ! **\n\r\n\r");
        exit(0);
    }
    ptDefineUnit( PT_INCH );
    ptChooseFont( ptGetInfo( PT_SMALLESTFONT ) );
    LettersPerEntry = (WORD) ( SpacePerEntry *
                                ptGetInfo( PT_CHARSPERINCH ) );
    InchesPerChar   = (double) 1 / ptGetInfo( PT_CHARSPERINCH);
    CharsPerInch    = (double) ptGetInfo( PT_CHARSPERINCH );

    do
    {
        DiscNr[0] = 0;
        printf("\n\r\n\r Nummer der aktuellen Diskette (max. 4
               Buchstaben): " );
        scanf( "%s", DiscNr );

        while (  Entries < 10 )
        {
            do
            {
                DiscContent[Entries][0] = 0;
                printf("\n\r Der %d. Eintrag (max. %d
                       Buchstaben): ", Entries + 1,
                       LettersPerEntry );
                scanf( "%s", DiscContent[Entries] );
            }
            while ( strlen( DiscContent[Entries] ) >
                    LettersPerEntry );
            Entries++;
```

```
    }

    ptPrintLeftNow( "╔", 0 );
    for( Count=1; Count <= (WORD) ( ( SpacePerLine -
         2 * InchesPerChar ) * CharsPerInch); Count++ )
         ptPrintNowChar( '=' );
    ptPrintLeftNow( "╗", ( SpacePerLine - InchesPerChar ) );
    ptSkipExactStandard( 4 );

    EmptyLine();

    ptPrintLeftNow( "Discnr.: ", InchesPerChar * 2 );
    ptPrintNow( DiscNr );
    ptSkipExactStandard( 4 );

    ptPrintLeftNow( "╠", 0 );
    for( Count=1; Count <= (WORD) ( ( SpacePerLine -
         2 * InchesPerChar ) * CharsPerInch); Count++ )
         ptPrintNowChar( '=' );
    ptPrintLeftNow( "╣", ( SpacePerLine - InchesPerChar ) );
    ptSkipExactStandard( 4 );

    Count = 0;

    while ( Count < 5 )
    {
          EmptyLine();

          if ( strlen( DiscContent[Count] ) > 0 )
               ptPrintAutoNow( DiscContent[Count],
               InchesPerChar*2, 5, PT_LEFT );
          if ( strlen( DiscContent[5 + Count] ) > 0 )
               ptPrintAutoNow( DiscContent[5 + Count], 1.68, 5,
               PT_LEFT );
          ptSkipExactStandard( 4 );

          Count++;
    }

    ptPrintLeftNow( "╚", 0 );
    for( Count=1; Count <= (WORD) ( ( SpacePerLine -
         2 * InchesPerChar ) * CharsPerInch); Count++ )
         ptPrintNowChar( '=' );
    ptPrintNowChar( '╝' );
```

```
101:
102:          ptSkipExactStandard( 14 );
103:
104:          printf("\n\r\n\r                           Ein weiteres
                   Etikett (J/N) ? ");
105:          do
106:          {
107:             Answer = toupper( getch() );
108:          }
109:          while ( Answer != 'J' && Answer != 'N' );
110:          printf( "%c", Answer );
111:          Entries = 0;
112:      }
113:      while ( Answer == 'J' );
114:
115:      ptClosePrinter();
116: }
```

Die folgenden Zeilen werden die wichtigen Befehlszeilen des eben vorgestellten Programms näher erläutern. Programmzeilen, welche nicht auf PT-Druckertoolbox-Befehle zurückgreifen, sollen keine Ansprache finden; sie sind derart primitiv und durchsichtig gehalten, daß sich selbst Einsteiger schnell einarbeiten werden.

6.3 Erläuterung zu ETIKETT.C

6.3.1 005: #include "prttools.c"

Diese eine Zeile genügt, um PT-Druckertoolbox-Befehle in eigenen Programmen anwenden zu können, wenn keine Grafikausgabe-Befehle Anwendung finden. Diese erfordern zusätzlich die Zeile *#include "pcxtools.c"*.

6.3.2 023: ptPrintLeftNow("‖", 0);

Die Endung Now läßt auf den ersten Blick erkennen, daß es sich um einen Sofortausgabebefehl handelt. Dieser gibt die Druckinformation –

in unserem Fall das Zeichen »‖« – unmittelbar an den Drucker weiter, ganz im Gegenteil zu den Bufferbefehlen, welche durch die Endung *Buffer* gekennzeichnet sind.

Der letzte Parameter – hier die Zahl »0« – gibt die äußerste linke Position des auszugebenden Strings in inch an. Der Anwender könnte die Einheit über ptDefineUnit auf cm (Standardwert) umdefinieren.

Wie *jeder* Druckertoolbox-Befehl gibt auch diese Funktion den Wert PT_OK zurück, wenn sie erfolgreich ausgeführt werden konnte. Eine negative Zahl repräsentiert einen aufgetretenen Fehler. Die Fehlercodes im Detail findet der aufmerksame Leser in Kapitel 9.

6.3.3 026: ptSkipExactStandard(4);

Der ptSkipExactStandard-Befehl weist den Druckkopf an, sich in Standardschritten zu 1/48 Zoll zu bewegen. Der Wert 4 läßt den Druckkopf also 4/48 Zoll in vertikaler Richtung übergehen. Dieser Wert entspricht ungefähr 7/72 Zoll, was notwendig ist, um eine Zeile unmittelbar an die vorhergehende anschließen zu können.

6.3.4 037: if (ptInitPrinter(PrinterDriver) < 0)

Bevor Daten an den Drucker geleitet werden können, hat der jeweilige Drucker initialisiert zu werden. Dabei ist lediglich die Angabe über den zu verwendenden Druckertreiber, beispielsweise HPLASER oder EPSON, notwendig.

6.3.5 042: ptDefineUnit(PT_INCH);

Für das weitere Vorgehen wichtig: Alle folgenden Maßangaben liegen in inch und nicht in der Standardeinheit cm vor.

6.3.6 043: ptChooseFont(ptGetInfo(PT_SMALLESTFONT));

Diese Zeile verwendet gleich zwei Druckertoolbox-Funktionen, um die kleinste vorhandene Schriftart (engl.: Font) zu wählen.

ptGetInfo ist eine Standardfunktion, welche interne Werte verrät. Die jeweils gewünschte Information hat der Anwender via Pseudonym (hier: PT_SMALLESTFONT für kleinste Schriftart) anzugeben.

ptChooseFont (engl.: to choose = wählen, engl.: Font = Schriftart) bestimmt dagegen die aktuelle Schriftart. Die Numerierung gestaltet sich durchgehend von 0 (für ersten Font = Standardfont) aufwärts.

6.3.7 044: LettersPerEntry = (WORD) (SpacePerEntry * ptGetInfo(PT_CHARSPERINCH));

Diese Zeile berechnet die Anzahl Zeichen, welche in einer Etikett-Zeile Platz finden. SpacePerEntry ist dabei eine im Programmkopf definierte Variable, welche die Breite eines Eintrages festlegt.

Der Befehl ptGetInfo(PT_CHARSPERINCH) weist die Informationsfunktion an, die Anzahl Zeichen pro inch des aktuellen Fonts zu verraten.

6.3.8 068: ptPrintNowChar('=')

Diese Funktion gibt das angegebene Zeichen (hier: »=«) sofort, ohne Überprüfung an den Drucker, weiter. Dabei werden keinerlei Codes herausgefiltert, wie dies bei manchen anderen Toolboxen der Fall ist. Wie schon wiederholt angesprochen, darf dieser Befehl *keinesfalls* den Druckkopf in vertikaler Richtung bewegen; hierbei käme das Verwaltungssystem der Toolbox außer Kontrolle, und das Ergebnis wäre unbrauchbar.

6.3.9 075: ptPrintNow (DiscNr);

ptPrintNow ähnelt ptPrintNowChar. Die Ausgabe beschränkt sich hierbei jedoch nicht auf ein Zeichen, sondern auf einen beliebig langen String.

6.3.10 090: ... ptPrintAutoNow(DiscContent[Count], InchesPerChar * 2, 5, PT_LEFT);

An dieser Stelle eine kleine Abwechslung. Die Funktion ptPrintAutoNow gibt einen String (hier in DiscContent[Count]) zwischen zwei Grenzen (links: InchesPerChar * 2 (in inch), rechts: 5 inch) linksbündig (PT_LEFT, an dieser Stelle der Fall), rechtsbündig (PT_RIGHT), zentriert (PT_CENTER) oder im Blocksatz (PT_JUSTIFY) aus.

6.3.11 115: ptClosePrinter();

ptClosePrinter stellt das Antonym von ptInitPrinter dar. Die Anweisung gibt jeglichen von der Toolbox belegten Speicher frei und schließt den Druckerstream. Jedes Programm, welches Funktionen der Druckertoolbox verwendet, sollte mit diesem Befehl beendet werden.

Zu guter Letzt noch einige Worte zu ETIKETT.C. Die prinzipielle Vorgehensweise zur Ausgabe eines Etiketts gibt sich eher koventionell. Die Toolbox gibt Zeile für Zeile aus, so wie es die Anordnung der Befehle zeigt.

Wäre es nicht viel wirtschaftlicher, erst in einem kleinen Unterprogramm den Rahmen des Etiketts zu kreieren und danach einmalig den Zeilenabstand auf den Standardwert zu schalten, um dieses ausfüllen zu können? Eine Traumvorstellung? Keineswegs, die Bufferbefehle lassen diese träumerisch komfortable Programmiertechnik wahr werden.

Ein Programm, welches dieselben Funktionen via Buffer ausführt, ändert sich dabei nur unwesentlich. Anstelle der *Now*-Befehle treten einfach *Buffer*-Anweisungen. Beispiele zur praktischen Vorgehensweise findet der aufmerksame Leser zuhauf im Referenzteil.

7 Interne Daten über Text-/-Grafik-Druckertreiber

7.1 Allgemeines

Eines vorab: Der unerfahrene Leser wird mit diesem Abschnitt nur wenig anzufangen wissen. Er richtet sich mehr an Profis, die ihren Kunden eine eigene Oberfläche zum Generieren neuer Druckertreiber bieten wollen.

Die folgenden Beschreibungen sind bewußt kurz gefaßt und enthalten nur wesentliche Daten. Überflüssige Kommentare wurden ausgelassen, da sie dem Profi sowieso nur den Überblick nehmen.

Beachtet werden sollte, daß der Aufbau einer Treiberdatei in künftigen Updates andere Formen annehmen könnte. Ein einmal erstelltes Programm, welches auf eine selbständige Generierung neuer Druckertreiber zurückgreift, kann nur mit einer Druckertoolbox-Version compiliert werden. Andernfalls kann der Kunde eine böse Überraschung erleben.

Die Toolbox greift des öfteren auf Druckersequenzen (Hexadezimalzahlenfolgen) variabler Länge zurück (»Code«). Diese werden wie folgt abgelegt:

1. BYTE : Länge der Sequenz (0 bis 255 Byte)
2. BYTE : 1. BYTE der Sequenz
.
.
.

7.2 Aufbau der Grafik-Treiber

7.2.1 ESC-9- und 24-Nadler-Kompatible

1. BYTE : PrinterType (PT_ESC_9, PT_ESC_24)
2. BYTE : Auflösung in DPI / 256 (High-Byte)
3. BYTE : Auflösung in DPI % 256 (Low-Byte)
4. Code : Grafik ein
5. Code : Zeilenabstand 7/72 Zoll
6. Code : Neue Zeile
7. Code : Normaler Zeilenabstand

7.2.2 HP-Laser-Kompatible

1. BYTE : PrinterType (PT_HP)
2. BYTE : Auflösung in DPI / 256 (High-Byte)
3. BYTE : Auflösung in DPI % 256 (Low-Byte)
4. Code : Grafik ein
5. Code : Vor Auflösung in DPI
6. Code : Nach Auflösung in DPI
7. Code : Vor Anzahl Grafikbytes pro Zeile
8. Code : Nach Anzahl Grafikbytes pro Zeile
9. Code : Reaktivieren des Textmodus

Die Toolbox erkennt anhand des »PrinterType«-Bytes, welche Daten (HP- oder ESC-spezifische) zu laden sind.

7.3 Aufbau der Text-Treiber

Die Text-Treiber weichen von Druckermodell zu Druckermodell nicht voneinander ab, daher bleibt uns eine Fallunterscheidung erspart:

1. CHAR : Port als Zeichenkette, nullterminiert (0x00-Byte als Ende)
2. BYTE : Min. vert. Bewegungseinheit / 256 (High Byte)
3. BYTE : Min. vert. Bewegungseinheit % 256 (Low Byte)

4. BYTE	:	Anzahl min. vert. Einheiten für 1/6 Zoll (Normaler Zeilenabstand) / 256 (High Byte)
5. BYTE	:	Anzahl min. vert. Einheiten für 1/6 Zoll (Normaler Zeilenabstand) % 256 (Low Byte)
6. BYTE	:	Druckertyp:PT_HP (HP-Laser-kompatibler) oder PT-ESC (9- oder 24-Nadler)
7. BYTE	:	Zeichen für »1 Schritt zurück« (meist Backspace (0x08))
8. BYTE	:	Zeichen für »Neue Seite« (meist 0x0C)
9. Code	:	Vor vertikaler Bewegung
10. Code	:	Nach vertikaler Bewegung
11. Code	:	Resetsequenz
12. Code	:	Fettdruck an
13. Code	:	Fettdruck aus
14. Code	:	Unterstreichen an
15. Code	:	Unterstreichen aus
16. Code	:	Kursiv an
17. Code	:	Kursiv aus
18. BYTE	:	Anzahl vorhandener Schriftarten (1 = 1 Font, 2 = 2 Fonts, usw.)

Für jeden Font folgt

a. CHAR	:	Zeichenkette:Name des Fonts, nullterminiert (0x00-Byte als Ende)
b. Code	:	Initialisierungssequenz des Fonts
c. BYTE	:	Chars per inch (Zeichen pro inch)

8 Fehlercodes und Variablentypen der Toolbox

8.1 Fehlercodes

Fehler treten beim Aufruf – ausgereifter – Funktionen auf. Beispielsweise kann die Anweisung nicht auf einen bestimmten Druckertreiber zugreifen, der Drucker nimmt keine Daten an und so weiter. Die Druckertoolbox gibt dabei nicht einfach den Wert »Fehler« zurück, mit dem der Programmierer üblicherweise auch nicht viel anfangen kann sondern spezifiziert ihn näher. Damit sich die Fehlcodes nicht mit anderen Rückgabewerten überschneiden, sind sie alle negativ. Im Normalfall genügt in einem Programm also eine Überprüfung des Rückgabewertes auf negative Werte.

8.1.1 Die Fehlercodes im einzelnen:

1. PT_FILEERROR

Probleme mit einer Datei

2. PT_NOPCXFILE

Die angegebene Datei ist keine PCX-Datei.

3. PT_PCXFORMATNOTSUPPORTET

Das Format der aktuellen PCX-Datei wird nicht unterstützt. Es handelt sich wahrscheinlich um ein 256-Farb-Format.

4. PT_PRINTERERROR

Der Drucker läßt sich nicht ansprechen.

5. PT_NOTENOUGHSPACE

Für die Operation steht nicht ausreichend Platz zur Verfügung.

6. PT_UNITNOTKNOWN

Die angegebene Einheit existiert nicht, erlaubt sind lediglich PT_CM (für cm) und PT_INCH (für inch).

7. PT_ALREADYDEFINED

Eintrag unter angegebener Nummer existiert schon (beispielsweise ein Trap oder eine Spalte).

8. PT_NOTENOUGHMEMORY

Nicht genug Speicher vorhanden, um die Funktion ausführen zu können (beispielsweise beim Initialisieren eines Druckers).

9. PT_CLUMNNOTDEFINED

Spalte mit angegebener Nummer existiert nicht.

10. PT_WRONGMARGINS

Falsche Spalten, wahrscheinlich wurde die rechte und linke Grenze vertauscht.

11. PT_WRONGMETHOD

Falsche Methode, beispielsweise nicht vorhandenes Ausrichtungspseudonym (PT_LEFT, PT_RIGHT, PT_JUSTIFY, PT_CENTER).

12. PT_WRONGCOLUMN

Es wurde keine Spalte unter dieser Nummer definiert.

13. PT_WRONGPARAMETER

Übergebener Parameter nicht korrekt, beispielsweise ungültiges Pseudonym.

14. PT_TRAPNOTDEFINED

Es wurde kein Trap unter dieser Nummer definiert.

15. PT_NOBUFFERENTRIES

Keine Bufferbefehle ausgeführt und daher keine Einträge zum Ausdrucken vorhanden.

8.2 Variablentypen der Toolbox

Die Druckertoolbox benennt einige C-spezifische Variablentypen in kürzere, übersichtlichere um. Auf den ersten Blick gibt sich WORD nicht nur für Pascal-Fanatiker einfach aussagekräftiger als »unsigned int«.

Selbstverständlich mag der Programmierer nach Gutdünken auf die im folgenden aufgeführten Variablentypen-Namen zurückgreifen oder die entsprechenden C-Pseudonyme verwenden. Das Resultat bleibt dasselbe.

0. WORD = unsigned int
1. SWORD = signed int
2. BYTE = unsigned char
3. SBYTE = signed char
4. CHAR = signed char
5. LONG = unsigned long
6. BOOL = unsigned char
7. FLOAT = float
8. DOUBLE = double
9. VOID = void (Funktionstyp)

9 Funktionen der Toolbox, aufgeführt in alphabetischer Reihenfolge

Diese Funktionen erfordern folgenden #INCLUDE-Befehl im Kopfteil eines Programms:

```
#include "prttools.c"
```

Sollte das Programm zusätzlich auf die Grafikfunktionen der Toolbox zugreifen wollen, erfordert dies folgende #INCLUDE-Befehle im Kopfteil eines Programms:

```
#include "prttools.c"
#include "pcxtools.c"
```

SWORD ptCheckForColumn(SpaltenNr)

Parameter

SpaltenNr [WORD]:

Nummer der Spalte, welche auf ihre Existenz überprüft werden soll.

Rückgabewert

[SWORD]:

PT_TRUE : Spalte ist vorhanden

PT_FALSE : Spalte ist nicht vorhanden

Beschreibung

Diese Funktion wird benötigt, um herauszufinden, ob der Anwender eine Spalte mit einer bestimmten Nummer definiert hat.

Beispiel

```
void Spaltendemo( void )
{
    signed int Help;

    Help = ptCheckForColumn( 3 );
    /* Help ist PT_FALSE */

    ptDefineColumn( 3, 3.5, 6.5 );
    Help = ptCheckForColumn( 3 );
    /* Help ist PT_TRUE  */

    ptDeleteColumn( 3 );
    Help = ptCheckForColumn( 3 );
    /* Help ist PT_FALSE */
}
```

Siehe auch ptDefineColumn, ptDeleteColumn, ptGetColumn, ptPrintBetweenColumnsNow, ptPrintInColumnNow, ptPrintBetweenColumnsBuffer, ptPrintInColumnBuffer

SWORD ptCheckForTrap(Zeilennummer)

Parameter Zeilennummer [WORD]:

Nummer der Zeile, welche auf einen TRAP zu untersuchen ist, d.h., ob bei Erreichen dieser Linie eine spezielle, vom User definierte Funktion angesprungen werden soll.

Rückgabewert [SWORD]:

PT_TRUE : TRAP ist vorhanden

PT_FALSE : TRAP ist nicht vorhanden

Beschreibung Diese Funktion wird benötigt, um herauszufinden, ob der Anwender für eine bestimmte Zeile einen TRAP definiert hat. Ein TRAP wird definiert, wenn die Toolbox bei Erreichen einer bestimmten Zeile eine vom Anwender definierte Funktion aufzurufen hat. Die Funktion muß dabei nach folgendem Schema definiert sein:

void FUNKTIONSNAME (void)

Sollten Parameter oder ein Rückgabewert vorhanden sein, findet sich der Rechner schnell im Nirwana wieder. Für jede Zeile kann maximal ein TRAP definiert werden.

Beispiel

```
void Aufzurufen( void )
{
    ptPrintAutoNow( "Zeile 20 !!",
                    2, 4, PT_JUSTIFY );
}

void TrapDemo( void )
{
    ptDefineTrap( 20, Aufzurufen );
    ptNextPage();
}
```

Siehe auch ptDontUseTrap, ptUseTrap, ptDefineTrap, ptDeleteTrap

SWORD ptChooseFont(FontNummer)

Parameter Fontnummer [WORD]:

Nummer des Fonts, welcher aktiviert werden soll, beginnend mit 0.

Rückgabewert [SWORD]:

PT_OK	: Neuer Font aktiviert
PT_WRONGPARAMETER	: Ungültige Fontnummer
PT_PRINTERERROR	: Drucker läßt sich nicht ansprechen

Beschreibung Der Anwender ist in der Lage, über diese Funktion den aktuellen Font wählen zu können. Der erste Font besitzt dabei die Nummer 0, die Maximalanzahl verrät »ptGetInfo(PT_NUMBEROFFONTS)«.

Beispiel

```
void Spaltendemo( void )
{
    int FontNr;

    FontNr = ptGetInfo( PT_NUMBEROFFONTS ) - 1;
    while( FontNr >= 0 )
```

```
        {
            ptChooseFont( FontNr );
            ptPrintAutoNow( "Ein weiterer Font",
                            2, 6, PT_JUSTIFY );
            FontNr—;
        }
    }
```

Siehe auch ptGetInfo, ptGetStrInfo

VOID ptClosePrinter(VOID)

Parameter Keine vorhanden.

Rückgabewert Nicht vorhanden.

Beschreibung Diese Funktion muß vor dem Ende eines Programms ausgeführt werden, welches Funktionen dieser Toolbox aufruft. Sie schließt alle geöffneten Streams und gibt allen von der Toolbox belegten Speicher frei.

Beispiel

```
void KomplettDemo( void )
{
    ptInitPrinter( "EPSON" );
    /* Drucker initialisieren, Treiber laden */

    ptPrintAutoNow( "Hallo !", 4, 6, PT_JUSTIFY );
    /* Ausgabe auf dem Drucker                 */
    ptNextPage();

    ptClosePrinter();
    /* Allokierten Speicher freigeben und      */
    /* Stream schließen                        */
}
```

Siehe auch ptInitPrinter

SWORD ptDefineColumn(Spalte, Links, Rechts)

Parameter

Spalte [WORD]:

Nummer der Spalte, welche definiert werden soll. Hierbei muß keine bestimmte Reihenfolge eingehalten werden.

Links [DOUBLE]:

Linke Grenze der Spalte. Die Einheit, in welcher dieser Wert vorzuliegen hat (cm oder inch), wird durch »ptDefineUnit« festgelegt. Der Standard ist cm.

Rechts [DOUBLE]:

Rechte Grenze der Spalte. Die Einheit, in welcher dieser Wert vorzuliegen hat (cm oder inch), wird durch »ptDefineUnit« festgelegt. Der Standard ist cm.

Rückgabewert

[SWORD]:

PT_OK	: Spalte definiert
PT_WRONGPARAMETER	: Parameter ungültig
PT_ALREADYDEFINED	: Spalte mit dieser Nummer schon vorhanden
PT_NOTENOUGHMEMORY	: Nicht genug Speicher vorhanden

Beschreibung

Diese Funktion erlaubt, beliebig viele Spalten mit beliebiger Numerierung zu definieren. Über die Funktionen »ptPrintInColumnNow« und »PrintBetweenColumnsNow« gestaltet es sich darauf hin sehr einfach, Textformatierungen an die persönlichen Wünsche anzupassen, da nur der »ptDefineColumn«-Wert geändert werden muß, um alle Formatierungen umzuwerfen. Im Gegensatz dazu wäre beim Einsatz von »ptPrintAutoNow« eine Änderung jedes einzelnen Befehls notwendig gewesen. »ptDefineColumn« erweist sich also besonderns in der Entwicklungs- und Anpaßphase als sehr hilfreich.

Beispiel

```
void ColumnDemo( void )
{
     ptDefineColumn( 5, 2.3, 4.3 );
     ptPrintInColumn( "1. Spalte!", 5, PT_JUSTIFY );

     ptDefineColumn( 4, 6.3, 7.3 );
     ptPrintInColumn( "2. Spalte!", 4, PT_JUSTIFY );

     ptPrintBetweenColumnsNow( "Dazwischen !",
                               5, 4, PT_JUSTIFY );
}
```

Siehe auch

ptCheckForColumn, ptDeleteColumn, ptGetColumn, ptPrintBetween-ColumnsNow, ptPrintInColumnNow, ptPrintBetweenColumnsBuffer, pt-PrintInColumnBuffer

SWORD ptDefineHorLength(Breite)

Parameter

Breite [DOUBLE]

Breite einer Zeile in cm oder inch, je nach definierter Einheit (s. auch »ptDefineUnit«).

Rückgabewert

[SWORD]:

PT_OK	: Spalte definiert
PT_WRONGPARAMETER	: Parameter ungültig

Beschreibung

Diese Funktion erlaubt es, die maximale Länge einer Zeile in cm oder inch (siehe auch »ptDefineUnit«) festzulegen. Da die meisten Ausgaben aber über »ptPrintAutoNow« bzw. Column-Befehle laufen werden, findet dieser Befehl nur in seltenen Fällen Anwendung.

Beispiel

```
void Umdefinieren( void )
{
     ptDefineUnit( PT_CM );
     ptDefineHorLength( 3.3 );
}
```

Siehe auch

ptDefineUnit

SWORD ptDefineLeftMargin(Platz)

Parameter

Platz [DOUBLE]:

Entfernung des ersten Zeichens vom druckerspezifischen, linken Rand in cm oder inch, je nach aktiver Einheit (siehe auch ptDefineUnit).

Rückgabewert

[SWORD]:

PT_OK	: Rand definiert
PT_WRONGMETHOD	: Rand größer als Blatt

Beschreibung

Diese Funktion weist alle Druckfunktionen an, einen gewissen Rand von der äußersten linken Stelle einzuhalten, an welcher der Drucker das erste Zeichen setzen kann.

Eine kurze Erläuterung der Problematik: Jeder Drucker läßt zwischen dem linken Blattrand und der äußersten linken Stelle, an welcher er das erste Zeichen auszugeben vermag, einen gewissen Platz. Unglücklicherweise weicht dieser von Modell zu Modell, selbst unter Druckern derselben Bauart, teilweise nicht unbeträchtlich ab; eine ärgerliche Sache, vor allem beim Ausfüllen von Formularen.

»ptDefineLeftMargin« erlaubt nun, das gesamte Druckbild um eine gewisse Strecke (in cm oder inch, s. »ptDefineUnit«) nach rechts zu verschieben.

Ähnliche Probleme bei der vertikalen Positionierung des Druckbildes lassen sich über »ptSkip«, »ptSkipExact« und »ptSkipExactStandard« lösen.

Beispiel

```
void Umdefinieren( void )
{

    ptDefineUnit( PT_CM );
    /* Maßeinheit: cm */

    ptDefineLeftMargin( 0   );
    ptPrintAutoNow( "Hallo!", 0, 5, PT_LEFT );
    /* Position: Äußerst links */
```

```
        ptDefineLeftMargin( 1 );
        ptPrintAutoNow( "Hallo!", 0, 5, PT_LEFT );
        /* Position: 1 cm weiter rechts */
}
```

Siehe auch

ptSkip, ptSkipExact, ptSkipExactStandard,ptDefineUnit

SWORD ptDefinePattern(Farbe, P1, P2, P3, P4, P5, P6, P7, P8)

Parameter

Farbe [WORD]:

Nummer der Farbe, deren Druckmuster verändert werden soll. Insgesamt unterliegen die Druckmuster für 16 Farben (0 für schwarz bis 15 für weiß) der Möglichkeit, an persönliche Wünsche angepaßt zu werden. Geben Sie dabei ein 8x8 Bit großes Feld an, das die genaue Position von schwarzen und weißen Pixeln spezifiziert.

P1..P8 [BYTE]:

Jeder P?-Wert repräsentiert eine Zeile aus dem 8x8 Pixel großen Druckmusterfeld, welche mit diesem Wert ersetzt werden soll.

Rückgabewert

[SWORD]:

PT_OK	: Druckmuster umdefiniert
PT_WRONGPARAMETER	: Falsche Farbe übergeben

Beschreibung

Diese Funktion gestattet es, das einer jeweiligen Farbe entsprechende Druckmuster umzudefinieren. Ein Druckmuster besteht dabei aus einem 8x8 Pixel großen Feld, welches geanaue Informationen über gesetzte und nicht gesetzte Pixel preisgibt. Beim Druck bleibt dieses Feld in seiner ursprünglichen Größe erhalten, die einzelnen Pixel werden nicht vergrößert und wirken daher auch bei höheren Auflösungen niemals klobig.

ACHTUNG: Die gesamten Druckmuster der Toolbox sind auf 16-Farb-Grafikmodi ausgelegt. Das heißt, Farbe 0 repräsentiert Schwarz und wird als komplett ausgefülltes Muster dargestellt, Farbe 15 dagegen steht anstelle von Weiß und bleibt leer.

Bei 2-Farb-Modi (v.a. Hercules, CGA) gilt zu beachten, daß die erste Farbe (Nummer 0) schwarz repräsentiert und damit dem 16-Farb-Standard entspricht. Die zweite Farbe dagegen übernimmt das zweite Farbmuster der 16-Farb-Modi und stellt anstelle eines leeren Musters das der Farbe blau (s. Seite 31) dar. In vielen Fällen hat dies zur Folge, daß sich der Hintergrund nur schlecht von der eigentlichen Grafik abhebt und das Bild unbrauchbar wird.

Die Lösung: Definieren Sie Muster Nummer 1 (d.h. das für die zweite Farbe) mit folgendem Befehl auf leer um (s. dazu auch Seite 30):

```
ptDefinePattern( 1, 0, 0, 0, 0, 0, 0, 0, 0 );
```

Beispiel

```
void NeuesPattern( void )
{
    ptDefinePattern( 15, 255, 255, 255, 255, 255,
                         255, 255, 255 );
    ptPrintImageNow( "ESC9x120", "BILD.PCX",
                     2, 2, 5 );

    /* Weiß wird bei 16-Farb-Modi nun auch schwarz
       dargestellt */
}
```

Siehe auch ptPrintImageNow, ptPrintImageBuffer

SWORD ptDefineTrap(Zeilennummer, Funktion)

Parameter Zeilennummer [WORD]:

Nummer der Zeile, für welche ein TRAP definiert werden soll.

Funktion [VOID (*Func)()]:

Zeiger auf Funktion, welche beim Erreichen der zuvor definierten Zeile aufgerufen werden soll.

Rückgabewert [SWORD]:

PT_OK	: TRAP definiert und aktiviert
PT_WRONGPARAMETER	: Parameter ungültig
PT_ALREADYDEFINED	: TRAP für diese Zeile schon vorhanden
PT_NOTENOUGHMEMORY	: Nicht genug Speicher vorhanden

Beschreibung Diese Funktion erlaubt es, für eine bestimmte Zeile einen TRAP zu definieren.

Ein TRAP weist den Rechner an, bei Erreichen der angegebenen Zeile (»Zeilennummer«) eine vom Anwender festgelegte Funktion (»Funktion«) auszuführen. Dabei hat die Funktion im folgenden Format vorzuliegen:

void FUNKTIONSNAME(void)

D.h. weder Parameter noch Rückgabewert sind zulässig. Eine Mißachtung dieser Bedingung führt den Rechner sofort zum Systemabsturz.

Beispiel

```
void Aufzurufen( void )
{
     ptPrintAutoNow( "Zeile 20 !!",
                     2, 4, PT_JUSTIFY );
}

void TrapDemo( void )
{
     ptDefineTrap( 20, Aufzurufen );
     ptNextPage();
     /* In Zeile 20 steht: "Zeile 20 !!" */
}
```

Siehe auch ptDontUseTrap, ptUseTrap, ptCheckForTrap, ptDeleteTrap

SWORD ptDefineUnit(Einheit)

Parameter

Einheit [BYTE]:

PT_CM	: Maße in cm (Standardeinstellung)
PT_INCH	: Maße in inch

Rückgabewert

[SWORD]:

PT_OK	: Einheit neu festgelegt
PT_UNITNOTKNOWN	: Falscher Parameter übergeben

Beschreibung

Diese Funktion erlaubt dem Anwender, die Maßeinheit (vor allem bei »ptPrintAutoNow« wichtig) nach eigenem Gutdünken auf cm oder inch (1 inch = 2,54 cm) umzudefinieren.

Standardeinstellung ist dabei von vornherein cm.

Beispiel

```
void Masseinheiten( void )
{
    ptPrintAutoNow( "Linker Rand: 1,5 cm !",
                    1.5, 5, PT_LEFT );
    ptDefineUnit( PT_INCH );
    ptSkip( 2 );

    ptPrintAutoNow( "Linker Rand: 1,5 inch !",
                    1.5, 5, PT_LEFT );
}
```

Siehe auch

ptGetInfo

SWORD ptDeleteColumn(Spaltennummer)

Parameter

Spaltennummer [WORD]:

Nummer der Spalte, welche gelöscht werden soll

Rückgabewert [SWORD]:

PT_OK	: Spalte gelöscht
PT_COLUMNNOTDEFINED	: TRAP für diese Zeile nicht definiert
PT_NOTENOUGHMEMORY	: Nicht genug Speicher vorhanden

Beschreibung Diese Funktion erlaubt es, eine zuvor definierte Spalte endgültig zu löschen. Dieser Vorgang ist nicht wieder rückgängig zu machen.

Beispiel

```
void ColumnDemo( void )
{
     ptDefineColumn( 5, 2.3, 4.3 );
     ptPrintInColumn( "1. Spalte!", 5, PT_JUSTIFY );

     ptDefineColumn( 4, 5.3, 6.3 );
     ptPrintInColumn( "2. Spalte!", 4, PT_JUSTIFY );

     ptPrintBetweenColumnsNow( "Dazwischen !",
                               5, 4, PT_JUSTIFY );

     ptDeleteColumn( 5 );
     ptDeleteColumn( 4 );
     /* Nun existieren Spalte 5 und 4 nicht mehr! */
}
```

Siehe auch ptCheckForColumn, ptDefineColumn, ptGetColumn, ptPrintBetween-ColumnsNow, ptPrintInColumnNow, ptPrintBetweenColumnsBuffer, pt-PrintInColumnBuffer

SWORD ptDeleteTrap(Zeilennummer)

Parameter Zeilennummer [WORD]:

Nummer der Zeile, für welche ein TRAP definiert wurde

Rückgabewert [SWORD]:

PT_OK	: TRAP gelöscht
PT_TRAPNOTDEFINED	: TRAP für diese Zeile nicht definiert
PT_NOTENOUGHMEMORY	: Nicht genug Speicher vorhanden

Beschreibung Diese Funktion erlaubt es, einen zuvor definierten TRAP endgültig zu löschen. Dieser Vorgang ist nicht wieder rückgängig zu machen.

Eine vorübergehende Deaktivierung/Reaktivierung erlauben die Funktionen »ptDontUseTrap«/»ptUseTrap«.

Beispiel

```
void Aufzurufen( void )
{
    ptPrintAutoNow( "Zeile 20 !!",
                    2, 4, PT_JUSTIFY );
}

void TrapDemo( void )
{
    ptDefineTrap( 20, Aufzurufen );
    ptNextPage();
    /* In Zeile 20 steht: "Zeile 20 !!" */

    ptDeleteTrap( 20 );
    ptNextPage();
    /* Ein unbeschriebenes Blatt wird */
    /* ausgegeben                     */
}
```

Siehe auch ptDontUseTrap, ptUseTrap, ptCheckForTrap, ptDefineTrap

SWORD ptDontUseTrap(Zeilennummer)

Parameter Zeilennummer [WORD]:

Nummer der Zeile, deren TRAP vorübergehend deaktiviert werden soll. Hat der User keinen TRAP für diese Zeile definiert, wird PT_TRAPNOT-DEFINED zurückgegeben.

Rückgabewert [SWORD]:

PT_OK : TRAP, welcher für diese Zeile definiert wurde, ist deaktiviert

PT_TRAPNOTDEFINED : Für diese Zeile existierte kein TRAP

Beschreibung Diese Funktion erlaubt es, einen für eine bestimmte Zeile definierten TRAP vorübergehend zu deaktivieren. »ptUseTrap« macht diesen Schritt rückgängig.

Hat der Anwender beispielsweise für eine Zeile einen TRAP definiert und diesen vorübergehend deaktiviert, so geschieht beim Erreichen dieser Zeile nichts, der Rechner führt nicht die zuvor mit »ptDefineTrap« bestimmte Funktion aus. Reaktiviert er nach Ausgabe der aktuellen Seite diesen TRAP, so läuft alles wieder in normalen Bahnen ab, und die über »ptDefineTrap« vorherbestimmte Funktion wird beim Erreichen der besagten Zeile angesprungen.

Beispiel

```
void Aufzurufen( void )
{
     ptPrintAutoNow( "Zeile 20 !!",
                     2, 4, PT_JUSTIFY );
}

void TrapDemo( void )
{
     ptDefineTrap( 20, Aufzurufen );
     ptNextPage();
     /* Die Funktion wurde ausgeführt !*/

     ptDontUseTrap( 20 );
     ptNextPage();
     /* Die Funktion wurde nicht ausgeführt !*/

     ptUseTrap( 20 );
     ptNextPage();

     /* Die Funktion wurde ausgeführt !*/
}
```

Siehe auch ptDeleteTrap, ptUseTrap, ptCheckForTrap, ptDefineTrap

SWORD ptEmptyBuffer(VOID)

Parameter

Keine vorhanden.

Rückgabewert

[SWORD]:

PT_OK : »Buffer«-Daten aus dem Speicher entfernt

Beschreibung

Diese Funktion löscht alle Daten, welche über die »Buffer«-Befehle im Speicher abgelegt wurden, und gibt den belegten Speicherbereich wieder frei. Diese Funktion sollte nach der Ausgabe einer Seite über »ptSend-Buffer« bzw. »ptSendPCXBuffer« ausgeführt werden. Vergißt der Programmierer dies, bleibt der Speicherplatz reserviert, und ein Neuentwurf einer Seite über die »Buffer«-Befehle wird sinnlos, da sich in diesem Fall beide Seiten überschneiden würden.

Beispiel

```
void BufferDemo( void )
{
    ptPrintAutoBuffer( 5, 0, "Dies ist ein Text !",
                       1, 5, PT_JUSTIFY );
    /* Spätere Ausgabe in Zeile 5   */
    ptPrintAutoBuffer( 3, 0, "Dies steht darüber!",
                       1, 5, PT_JUSTIFY );
    /* Spätere Ausgabe in Zeile 3   */
    ptSendBuffer();
    /* Ausgabe der Seite            */
    ptSendBuffer();
    /* Nochmalige Ausgabe der Seite */
    ptEmptyBuffer();
    /* Speicher freigeben          */
}
```

Siehe auch

ptSendBuffer, ptSendPCXBuffer, ptPrintAutoBuffer, ptPrintBetween-ColumnsBuffer, ptPrintInColumnBuffer

SWORD ptFlush(VOID)

Parameter Keine vorhanden.

Rückgabewert [SWORD]:

PT_OK : Datenstromzwischenspeicher geleert

PT_PRINTERERROR : Drucker läßt sich nicht ansprechen

Beschreibung Diese Funktion übergibt den Zwischenspeicher des aktuellen Datenstroms über die C-Funktion »fflush« komplett an den Drucker. In manchen Fällen kann eine bemerkbare Wirkung ausbleiben.

Diese Funktion findet nur in sehr seltenen Fällen Anwendung.

Beispiel

```
void ZwischenspeicherLeeren( void )
{
     if ( ptFlush() == PT_OK ) printf( "PT_OK !");
     else printf( "Drucker läßt sich nicht\ ansprechen !" );
}
```

Siehe auch –

SWORD ptFontSize(FontNr)

Parameter FontNr [WORD]:

Dieser Parameter gibt die Nummer des Fonts an, über dessen Größe genauere Angaben erwünscht werden. Die Reihenfolge beginnt mit 0 aufwärts.

Rückgabewert [SWORD]:

CHARACTERS PER INCH : Anzahl Zeichen pro inch bei angegebenem Font

PT_WRONGPARAMETER : Nicht existente Fontnummer angegeben

Beschreibung Diese Funktion gibt Informationen über die Größe des angegebenen Fonts preis. Die standardisierte Größe ist hierbei CPI (Characters per inch) oder auf deutsch Zeichen pro inch, wobei ein inch 2,54 cm entspricht. Da von Druckertreiber zu Druckertreiber andere Fonts mit anderen Nummern belegt sind, gestattet es, diese Funktion, den Font zu finden, welcher dem gesuchten entspricht oder wenigstens nahekommt.

Beispiel

```
void FontDemo
{
     int FontNr;
     for( FontNr=0; FontNr++; FontNr<
          ptGetInfo( PT_NUMBEROFFONTS ) )
     {
          ptChooseFont( FontNr );
          ptPrintLeftNow("Wieder ein neuer Font",5);
          ptSkip( 1 );
     }
}
```

Siehe auch ptChooseFont, ptGetInfo

SWORD ptGetInfo(Information)

Parameter Information [BYTE]:

PT_AKTFONT	: Nummer des aktuellen Fonts
PT_BIGGESTFONT	: Nummer des größten Fonts
PT_BOLD	: TRUE, wenn Fettdruck gerade aktiviert ist FALSE, wenn Fettdruck gerade deaktiviert ist
PT_BUFFERENTRIES	: Anzahl der im Speicher gehaltenen Teilzeilen bei Verwendung der speicherorientierten Seitenberechnungsverfahren
PT_CHARSPERINCH	: Größe des aktuellen Fonts
PT_CHARSPERLINE	: Anzahl Zeichen pro Zeile bei Verwendung des aktuellen Fonts

PT_ITALIC	: TRUE, wenn Kursiv gerade aktiviert ist FALSE, wenn Kursiv gerade deaktiviert ist.
PT_LINE	: Aktuelle Zeile (nur bei Direktausgabe an Drucker)
PT_LINESPERPAGE	: Zeilen pro Seite (Standard: 50)
PT_MEASUREUNIT	: Maßeinheit (PT_CM oder PT_INCH für cm, bzw. inch)
PT_NUMBEROFCOLUMNS	: Anzahl definierter Spalten
PT_NUMBEROFFONTS	: Anzahl vorhandener Fonts
PT_NUMBEROFTRAPS	: Anzahl definierter Traps
PT_PAGESPRINTED	: Anzahl gedruckter Seiten
PT_PRINTERTYPE	: Abfragen des Druckertyps (PT_HP oder PT_ESC für HP-Laserjet-kompatibel bzw. EPSON-Nadeldrucker-kompatibel)
PT_SPECIALCHARS	: TRUE, wenn Spezialzeichen für Unterstreichen an/aus (»_«) bzw. Fettdruck an/aus (»^«) gerade aktiviert sind, FALSE wenn nicht
PT_SMALLESTFONT	: Nummer des kleinsten Fonts
PT_UNDERLINE	: TRUE, wenn Unterstreichen gerade aktiviert ist FALSE, wenn Unterstreichen gerade deaktiviert ist
PT_VERUNIT	: Kleinstmögliche, vertikale Bewegungseinheit
PT_VERUNITS	: Aktuelle Zahl bisher vorgerückter, minimaler Bewegungsschritte
PT_VERUNITSPERLINE	: Anzahl minimaler, vertikaler Bewegungseinheiten, die zum Übergehen einer Zeile notwendig sind.

Rückgabewert [SWORD]:

Angeforderten Wert bzw. Fehlermeldung, falls nicht vorhandene Information angefordert wurde (PT_WRONGPARAMETER oder PT_WRONGMETHOD).

Beschreibung Diese Funktion ermöglicht es dem User, toolboxinterne Variablen abzufragen und diese in einem eigenen Programm weiterzuverwenden. Der Funktionsparameter »Information« spezifiziert die gewünschte Angabe genauer. Die Praxis zeigt jedoch, daß dies nur selten sinnvoll ist, handelt es sich doch hauptsächlich um interne, modulglobale Variablen, welche sich dem Anwender kaum als dienlich erweisen.

Beispiel

```
void AktuelleSeite( void )
{
   printf( "Es wurden %d Seiten gedruckt !",
           ptGetInfo( PT_PAGESPRINTED ) );
}
```

Siehe auch ptGetDoubleInfo, ptGetStrInfo

SWORD ptGetDoubleInfo(Information)

Parameter Information [BYTE]:

PT_HORLENGTH : Breite einer Zeile in der aktuellen Einheit (cm oder inch, über »ptDefineUnit« zu ändern)

Rückgabewert [DOUBLE]:

Angeforderten Wert bzw. Fehlermeldung, falls nicht vorhandene Information angefordert wurde (PT_WRONGPARAMETER oder PT_WRONGMETHOD)

Beschreibung Diese Funktion entspricht im Prinzip »ptGetInfo«, liefert jedoch keinen ganzzahligen (WORD), sondern einen Gleitkommazahlwert (DOUBLE) zurück.

Beispiel

```
void Zeilenlaenge( void )
{
   ptDefineUnit( PT_CM );
   printf( "Die aktuelle Zeile ist %f cm lang",
          ptGetDoubleInfo( PT_HORLENGTH ) );
}
```

Siehe auch ptGetInfo, ptGetStrInfo

CHAR *ptGetStrInfo(Information)

Parameter Information [BYTE]:

PT_FONTNAME : Name des aktuellen Fonts

PT_PORT : Aktueller Druckport (z.B. »lpt1«)

PT_PRINTER : Name des aktuellen Druckers

Rückgabewert [CHAR *]:

Zeiger auf angeforderten String bzw. NULL-Zeiger, falls nicht vorhandene Information angefordert wurde

Beschreibung Diese Funktion ermöglicht es dem User, toolboxinterne Variablen abzufragen und diese in einem eigenen Programm weiterzuverwenden. Der Funktionsparameter »Information« spezifiziert die gewünschte Angabe genauer. Die Praxis zeigt jedoch, daß dies nur selten sinnvoll ist, handelt es sich doch hauptsächlich um interne, modulglobale Variablen, welche sich dem Anwender kaum als dienlich erweisen.

Beispiel

```
void AktuellerFont( void )
{
   printf( "Es wird gerade mit %s gedruckt !",
          ptGetStrInfo( PT_FONTNAME ) );
}
```

Siehe auch ptGetInfo, ptGetDoubleInfo

SWORD ptInitPrinter(Dateiname)

Parameter

Dateiname [CHAR *]:

Zeiger auf Name der Druckertreiberdatei. Dieser Name darf nur die ersten 8 Zeichen des Dateinamens beinhalten, Suffix oder Pfad sind nicht erlaubt.

Rückgabewert

[SWORD]:

PT_OK	: Drucker initialisiert
PT_FILEERROR	: Falscher Treibername
PT_PRINTERERROR	: Drucker läßt sich nicht ansprechen

Beschreibung

Diese Funktion oder »ptInitPrinter« muß vor dem Einsatz von anderen Funktionen dieser Toolbox aufgerufen werden. Sie lädt druckerspezifische Daten aus einer Treiberdatei und initialisiert den Drucker. Der dabei allokierte Speicher wird später durch die Funktion »ptClosePrinter« wieder freigegeben.

Im Gegensatz zu »ptScanInitPrinter« greift diese Funktion ausschließlich auf C-Funktionen zurück. Der gewichtige Nachteil: C-Funktionen greifen auf Standard-DOS-Funktionen zurück, welche das Programm unterbrechen, wenn sich der Drucker nicht ansprechen läßt. Der User wiederum sieht plötzlich folgenden String auf dem Bildschirm erscheinen, auf welchen DOS eine Antwort erwartet:

```
Write fault error writing device LPT1
Abort, Retry, Ignore, Fail?
```

»ptScanInitPrinter« dagegen verwendet spezielle, maschinennahe Interruptfunktionen, welche lediglich ein NICHT-ANSPRECHBAR-Byte zurückgeben und keine derart störenden Kommentare.

Beispiel

```
void KomplettDemo( void )
{
     ptInitPrinter( "EPSON" );
     /* Drucker initialisieren, Treiber laden */

     ptPrintAutoNow( "Hallo !", 4, 6, PT_JUSTIFY );
     /* Ausgabe auf dem Drucker              */

     ptClosePrinter();
     /* Allokierten Speicher freigeben und    */
     /* Stream schließen                      */
}
```

Siehe auch ptScanInitPrinter, ptClosePrinter

SWORD ptMoveBack(AnzahlZeichen)

Parameter AnzahlZeichen [WORD]:

Dieser Parameter gibt die Anzahl Zeichen an, um welche der Druckkopf zurückbewegt werden soll.

Rückgabewert [SWORD]:

PT_OK	: Zurückbewegung ausgeführt
PT_PRINTERERROR	: Drucker läßt sich nicht ansprechen

Beschreibung Diese Funktion gestattet es, den Druckkopf um eine gewisse Anzahl Zeichen in horizontaler Richtung zurückzubewegen. Damit ist es möglich, ein gedrucktes Zeichen mehrmals zu überschreiben.

Beispiel

```
void Durchstreichen( void )
{
     ptPrintNow("Dieser Text wird durchgestrichen");
     ptMoveBack( 32 );
     ptPrintNow("________________________________");
}
```

Siehe auch –

SWORD ptMoveHorPos(Position)

Parameter Position [DOUBLE]:

Gewünschte Entfernung des Druckkopfes vom linken Rand in cm oder inch, je nach festgelegter Einheit (siehe auch »ptDefineUnit«).

Rückgabewert [SWORD]:

PT_OK	: Druckkopf positioniert
PT_PRINTERERROR	: Drucker läßt sich nicht ansprechen

Beschreibung Diese Funktion positioniert, unabhängig von der augenblicklichen Position, den Druckkopf an die vom Anwender definierte Stelle. Die Entfernung vom linken Rand hat dabei in cm oder inch vorzuliegen, je nach festgelegter Einheit (siehe auch »ptDefineUnit«). Die Voreinstellung ist cm.

Diese Funktion findet hauptsächlich mit »ptPrintNow« und »ptPrintCharNow« Anwendung.

Beispiel

```
void Druckbeispiel( void )
{
     ptDefineUnit( PT_INCH );
     ptMoveHorPos( 1.5 );
     ptPrintNow( "1.5 inch vom linken Rand !" );
}
```

Siehe auch –

SWORD ptNextPage(VOID)

Parameter Keine vorhanden.

Rückgabewert [SWORD]:

PT_OK	: Text ausgegeben
PT_PRINTERERROR	: Drucker nimmt Daten nicht an

Beschreibung

Diese Funktion beendet die eben bearbeitete Seiten und befiehlt dem Drucker, sie augenblicklich auszugeben. Zuvor überprüft sie das Vorhandensein von TRAPS und springt die entsprechenden Funktionen an.

Beispiel

```
void Aufzurufen( void )
{
    ptPrintAutoNow( "Zeile 20 !!",
                    2, 4, PT_JUSTIFY );
}

void TrapDemo( void )
{
    ptDefineTrap( 20, Aufzurufen );
    ptNextPage();
    /* In Zeile 20 steht: "Zeile 20 !!" */
}
```

Siehe auch: ptDefineTrap, ptGetInfo

SWORD ptPrintAutoBuffer(AbZeile, VerUnits, Text, Links, Rechts, Ausrichtung)

Parameter

AbZeile [WORD]:

Dieser Wert gibt die Nummer der Zeile an, ab welcher der übergebene Text darzustellen ist. Dabei ist keine besondere Reihenfolge der Zeilen zu beachten !

VerUnits [WORD]:

Dieser Wert gibt die Anzahl minimaler, vertikaler Bewegungseinheiten (zu je 1/48 Zoll) an, um welche der Druckkopf von der festgelegten Zeile ab zusätzlich nach unten bewegt werden soll (zum besseren Verständnis siehe auch »ptSkipExactStandard«).

Text [CHAR *]:

Zeiger auf auszugebenden Text

Links [DOUBLE]:

Dieser Wert gibt an, wie weit der übergebene Text vom linken Rand des Blattes entfernt gedruckt werden soll. Je nach aktueller Einheit (siehe auch »ptDefineUnit«) hat der Wert in cm oder inch vorzuliegen.

Rechts [DOUBLE]:

Dieser Wert gibt den äußersten rechten Rand des übergebenen Textes je nach definierter Einheit in cm oder inch an (siehe auch »ptDefineUnit«).

Ausrichtung [BYTE]:

PT_LEFT	: Text linksbündig drucken
PT_RIGHT	: Text rechtsbündig drucken
PT_CENTER	: Text zentriert drucken
PT_JUSTIFY	: Text im Blocksatz drucken

Rückgabewert

[SWORD]:

PT_OK	: Ausgabe o.k.
PT_WRONGMARGINS	: Ungültige Spalten
PT_PRINTERERROR	: Drucker nimmt Daten nicht an

Beschreibung

Diese Funktion erlaubt die indirekte, speichergesteuerte Ausgabe von Text in weithin kompatibler, kontrollierter Form. Das Druckbild wird von Drucker zu Drucker kaum abweichen.

Wie bei allen »Buffer«-Befehlen wird auch in diesem Fall das Druckbild bis zum Aufruf der »ptSendBuffer«- bzw. »ptSendPCXBuffer«-Funktion (siehe auch dort) komplett im Speicher aufgebaut. Das hat den Vorteil, daß die Zeilen in einer beliebigen Reihenfolge vorliegen können und beim Druckvorgang dem Drucker automatisch korrekt übergeben werden.

Der Drucker benötigt neben einem Zeiger auf den auszugebenden Text Angaben über die Grenzen, zwischen welchen dieser Platz zu finden hat, und die Ausrichtung. Im Text selbst können Spezialzeichen für typografische Angaben (»_« für Unterstreichen, »^« für Fettdruck) und Zeilenumbrüche vorkommen. Dadurch ist es möglich, ASCII-Textdateien direkt zu laden und via »ptPrintAutoBuffer« auszugeben.

Beispiel

```
void TextAusgabe( void )
{
   ptPrintAutoBuffer( 5, 3, "Zentrierter Text !",
                      2, 4, PT_CENTER );
   ptPrintAutoBuffer( 2,2,"Selbe Zeile, Blocksatz!",
                      4.2, 6.5, PT_JUSTIFY );
   ptSendBuffer();
}
```

Siehe auch ptSendBuffer, ptSendPCXBuffer, ptPrintAutoNow, PrintlnColumnBuffer, ptPrintBetweenColumnsBuffer

SWORD ptPrintAutoNow(Text, Links, Rechts, Ausrichtung)

Parameter

Text [CHAR *]:

Zeiger auf auszugebenden Text

Links [DOUBLE]:

Dieser Wert gibt an, wie weit der übergebene Text vom linken Rand des Blattes entfernt gedruckt werden soll. Je nach aktueller Einheit (siehe auch »ptDefineUnit«) hat der Wert in cm oder inch vorzuliegen.

Rechts [DOUBLE]:

Dieser Wert gibt den äußersten rechten Rand des übergebenen Textes je nach definierter Einheit in cm oder inch an (siehe auch »ptDefineUnit«).

Ausrichtung [BYTE]:

PT_LEFT	: Text linksbündig drucken
PT_RIGHT	: Text rechtsbündig drucken
PT_CENTER	: Text zentriert drucken
PT_JUSTIFY	: Text im Blocksatz drucken

Rückgabewert [SWORD]:

PT_OK	: Ausgabe o.k.
PT_WRONGMARGINS	: Ungültige Spalten
PT_PRINTERERROR	: Drucker nimmt Daten nicht an

Beschreibung Diese Funktion erlaubt die direkte Ausgabe von Text in weithin kompatibler, kontrollierter Form. Das Druckbild wird von Drucker zu Drucker kaum abweichen.

Der Drucker benötigt neben einem Zeiger auf den auszugebenden Text Angaben über die Grenzen, zwischen welchen dieser Platz zu finden hat, und die Ausrichtung. Im Text selbst können Spezialzeichen für typografische Angaben (»_« für Unterstreichen, »^« für Fettdruck) und Zeilenumbrüche vorkommen. Dadurch ist es möglich, ASCII-Textdateien direkt zu laden und via »ptPrintAutoNow« auszugeben.

Beispiel

```
void TextAusgabe( void )
{
   ptPrintAutoNow( "Zentrierter Text !",
                   2, 4, PT_CENTER );
   ptPrintAutoNow( "Selbe Zeile, Blocksatz !!",
                   4.2, 6.5, PT_JUSTIFY );
}
```

Siehe auch ptPrintAutoBuffer, ptPrintBetweenColumnsNow, ptPrintInColumnNow

SWORD ptPrintBetweenColumnsNow (Text, Links, Rechts, Ausrichtung)

Parameter Text [CHAR *]:

Zeiger auf den auszugebenden Text

Links [WORD]:

Nummer der links angrenzenden Spalte

Rechts [WORD]:

Nummer der rechts angrenzenden Spalte

Ausrichtung [BYTE]:

PT_LEFT	: Text linksbündig drucken
PT_RIGHT	: Text rechtsbündig drucken
PT_CENTER	: Text zentriert drucken
PT_JUSTIFY	: Text im Blocksatz drucken

Rückgabewert [SWORD]:

PT_OK	: Text ausgegeben
PT_PRINTERERROR	: Drucker nimmt Daten nicht an
PT_WRONGCOLUMN	: Ungültige Spaltennummer
PT_WRONGMARGINS	: Spalten ungültig (linke und rechte Grenze vertauscht, o.ä.)

Beschreibung Diese Funktion gibt den übergebenen Text mit der festgelegten Ausrichtung (linksbündig, rechtsbündig, zentriert, Blocksatz) zwischen den beiden angegebenen Spalten aus. Damit ist es beispielsweise möglich, einen Trennstrich zwischen zwei Spalten zu setzen.

Beispiel

```
void ColumnDemo( void )
{
    ptDefineColumn( 5, 2.3, 4.3 );
    ptPrintInColumn( "1. Spalte!", 5, PT_JUSTIFY );

    ptDefineColumn( 4, 5.3, 6.3 );
    ptPrintInColumn( "2. Spalte!", 4, PT_JUSTIFY );

    ptPrintBetweenColumnsNow( "Dazwischen !",
                              5, 4, PT_JUSTIFY );
}
```

Siehe auch ptPrintBetweenColumnsBuffer, ptPrintInColumnBuffer, ptPrintInColumnNow, ptPrintAutoNow

SWORD ptPrintBetweenColumnsBuffer (AbZeile, VerUnits, Text, Links, Rechts, Ausrichtung)

Parameter

AbZeile [WORD]:

Dieser Wert gibt die Nummer der Zeile an, ab welcher der übergebene Text darzustellen ist. Dabei ist bei der Funktion keine besondere Reihenfolge der Zeilen zu beachten !

VerUnits [WORD]:

Dieser Wert gibt die Anzahl minimaler, vertikaler Bewegungseinheiten (zu je 1/48 Zoll) an, um welche der Druckkopf von der festgelegten Zeile ab zusätzlich nach unten bewegt werden soll (zum besseren Verständnis siehe auch »ptSkipExactStandard«).

Text [CHAR *]:

Zeiger auf den auszugebenden Text

Links [WORD]:

Nummer der links angrenzende Spalte

Rechts [WORD]:

Nummer der rechts angrenzenden Spalte

Ausrichtung [BYTE]:

PT_LEFT	: Text linksbündig drucken
PT_RIGHT	: Text rechtsbündig drucken
PT_CENTER	: Text zentriert drucken
PT_JUSTIFY	: Text im Blocksatz drucken

Rückgabewert [SWORD]:

PT_OK	: Text ausgegeben
PT_PRINTERERROR	: Drucker nimmt Daten nicht an
PT_WRONGCOLUMN	: Ungültige Spaltennummer
PT_WRONGMARGINS	: Spalten ungültig (linke und rechte Grenze vertauscht o.ä.)

Beschreibung Diese Funktion gibt den übergebenen Text mit der festgelegten Ausrichtung (linksbündig, rechtsbündig, zentriert, Blocksatz) zwischen den beiden angegebenen Spalten aus. Damit ist es beispielsweise möglich, einen Trennstrich zwischen zwei Spalten zu setzen.

Wie bei allen »Buffer«-Befehlen wird der Text erst beim Aufruf der »ptSendBuffer« bzw. »ptSendPCXBuffer«-Funktion in der korrekten Reihenfolge (alle »Buffer«-Befehle werden dabei beachtet) an den Drukker weitergeleitet.

Beispiel

```
void ColumnDemo( void )
{
     ptDefineColumn( 5, 2.3, 4.3 );
     ptPrintInColumnsBuffer( "1. Spalte !",
                              5, PT_JUSTIFY );

     ptDefineColumn( 4, 5.3, 6.3 );
     ptPrintInColumnsBuffer( "2. Spalte !",
                             4, PT_JUSTIFY );

     ptPrintBetweenColumnsBuffer( "Dazwischen !",
                                   5, 4, PT_JUSTIFY);
     ptSendBuffer();
}
```

Siehe auch ptPrintBetweenColumnsNow, ptPrintInColumnBuffer, ptPrintInColumnNow, ptPrintAutoBuffer

SWORD ptPrintImageBuffer (Zeile, VerUnits, PCXFile, HorGross, VerGross, HorPos)

Parameter

Zeile [WORD]:

Nummer der Zeile, ab welcher ein PCX-Bild ausgegeben werden soll. Achtung: Neben PCX-Bildern ist keine Textausgabe möglich, lediglich unter und über ihnen.

VerUnits [WORD]:

Anzahl minimaler, vertikaler Bewegungseinheiten (zu je 1/48 Zoll), um welche der Druckkopf ab der angegebenen Zeilennummer zusätzlich nach unten bewegt werden soll (zum besseren Verständnis siehe auch »ptSkipExactStandard«). Achtung: Neben PCX-Bildern ist keine Textausgabe möglich, lediglich unter und über ihnen.

PCXFile [CHAR *]:

Zeiger auf Namen der PCX-Datei. Der String darf dabei nur den aus maximal 12 Buchstaben bzw. Zeichen bestehenden Namen mit Suffix enthalten, der Pfad ist nicht erlaubt (z.B. »BILD.PCX«).

HorGross [WORD]:

Dieser Wert gibt die horizontale Größe des Bildes nach dem Ausdruck auf dem Papier an. Er hat dabei entweder in cm oder inch vorzuliegen, je nach definierter Einheit (siehe auch »ptDefineUnit«). Der vor Aufruf der »ptDefineUnit«-Funktion festgelegte Standard ist cm.

VerGross [WORD]:

Dieser Wert gibt die vertikale Größe des Bildes nach dem Ausdruck auf dem Papier an. Er hat dabei entweder in cm oder inch vorzuliegen, je nach definierter Einheit (siehe auch »ptDefineUnit«). Der vor dem ersten Aufruf der »ptDefineUnit«-Funktion festgelegte Standard ist cm.

HorPos [DOUBLE]:

Dieser Wert gibt an, wie weit das Bild vom linken Rand entfernt stehen soll. Er hat dabei entweder in cm oder inch vorzuliegen, je nach definierter Einheit (siehe auch »ptDefineUnit«). Der vor dem ersten Aufruf der »ptDefineUnit«-Funktion festgelegte Standard ist cm.

Rückgabewert [SWORD]:

PT_OK	: Ausgabe o.k.
PT_FILEERROR	: Fehler beim Lesen einer der beiden Dateien
PT_NOTENOUGHMEMORY	: Nicht genug Speicher zum Initialisieren vorhanden.
PT_PRINTERERROR	: Drucker nimmt Daten nicht an

Beschreibung Diese Funktion erlaubt die indirekte Ausgabe einer PCX- bzw. PCC-Grafik in frei definierbarer Größe auf dem Drucker. Die endgültige Ausgabe erfolgt über »ptSendPCXBuffer«. Dabei werden die einzelnen Farben durch Druckmuster ersetzt. Das Handbuch verrät an anderer Stelle, wie Sie diese leicht selbst definieren können. Die Druckmuster werden auch bei einer starken Vergrößerung des Bildes nicht mitskaliert; sie behalten immer ihre feste Größe bei. Damit wirkt ein ausgedrucktes Bild weder grob noch »blockig«.

Achtung: Es ist nicht möglich, direkt neben einem Bild Text auszugeben. Verwenden Sie diese Funktion also beispielsweise dazu, in der Kopfzeile eines Blattes ein Firmenlogo abzubilden, und stellen Sie darunter die jeweilige Firmenanschrift dar.

Außerdem ist es in den meisten Fällen unzweckmäßig, die größtmögliche Auflösung eines Druckers zu verwenden. Dabei steigt die Berechnungszeit eines Bildes beträchtlich und läßt sich aufgrund der sehr klein erscheinenden Muster eventuell sogar schlechter erkennen, als wenn es mit niederer Auflösung auf das Papier gebracht worden wäre.

ACHTUNG: Eine Textausgabe direkt neben Grafiken ist nicht möglich. Setzen Sie diese über oder unter dieselben. Beachten Sie bei Verwendung von 2-Farb-Modi außerdem die unter »ptDefinePattern« aufgeführten Erläuterungen. Andernfalls kann der Ausdruck unbrauchbar sein.

Beispiel

```
void GraphikAusgabe( void )
{
      ptPrintImageBuffer( 10, 5,  "BILD.PCX", PT_PCX,
                          5, 5, 1);
      ptSendPCXBuffer();
      ptEmptyBuffer();
}
```

Siehe auch ptPrintImageNow, ptSendPCXBuffer

SWORD ptPrintImageNow(Treiber, PCXFile, HorGross, VerGross, HorPos)

Parameter Treiber [CHAR *]:

Zeiger auf Namen der Treiberdatei. Der String darf dabei nur den aus maximal 8 Buchstaben bestehenden Namen selbst enthalten, Suffix oder Pfad sind nicht erlaubt (z.B. »EPSON«).

PCXFile [CHAR *]:

Zeiger auf Namen der PCX-Datei. Der String darf dabei nur den aus maximal 12 Buchstaben bzw. Zeichen bestehenden Namen mit Suffix enthalten, der Pfad ist nicht erlaubt (z.B. »BILD.PCX«).

HorGross [WORD]:

Dieser Wert gibt die horizontale Größe des Bildes nach dem Ausdruck auf dem Papier an. Er hat dabei entweder in cm oder inch vorzuliegen, je nach definierter Einheit (siehe auch »ptDefineUnit«). Der vor dem ersten Aufruf der »ptDefineUnit«-Funktion festgelegte Standard ist cm.

VerGross [WORD]:

Dieser Wert gibt die vertikale Größe des Bildes nach dem Ausdruck auf dem Papier an. Er hat dabei entweder in cm oder inch vorzuliegen, je nach definierter Einheit (siehe auch »ptDefineUnit«). Der vor dem ersten Aufruf der »ptDefineUnit«-Funktion festgelegte Standard ist cm.

HorPos [DOUBLE]:

Dieser Wert gibt an, wie weit das Bild vom linken Rand entfernt stehen soll. Er hat dabei entweder in cm oder inch vorzuliegen, je nach definierter Einheit (siehe auch »ptDefineUnit«). Der vor dem ersten Aufruf der »ptDefineUnit«-Funktion festgelegte Standard ist cm.

Rückgabewert [SWORD]:

PT_OK	: Ausgabe o.k.
PT_FILEERROR	: Fehler beim Lesen einer der beiden Dateien
PT_NOTENOUGHMEMORY	: Nicht genug Speicher zum Initialisieren vorhanden.
PT_PRINTERERROR	: Drucker nimmt Daten nicht an

Beschreibung Diese Funktion erlaubt die direkte Ausgabe einer PCX- bzw. PCC-Grafik in frei definierbarer Größe auf dem Drucker. Dabei werden die einzelnen Farben durch Druckmuster ersetzt. Das Handbuch verrät an anderer Stelle, wie Sie diese leicht selbst definieren können (s. auch »ptDefinePattern«). Die Druckmuster werden auch bei einer starken Vergrößerung des Bildes nicht mitskaliert; sie behalten immer ihre feste Größe bei. Damit wirkt ein ausgedrucktes Bild weder grob noch »blockig«.

Achtung: Es ist nicht möglich, direkt neben einem Bild Text auszugeben. Verwenden Sie diese Funktion also beispielsweise dazu, um in der Kopfzeile eines Blattes ein Firmenlogo abzubilden, und stellen Sie darunter die jeweilige Firmenanschrift dar.

Außerdem ist es in den meisten Fällen unzweckmäßig, die größtmögliche Auflösung eines Druckers zu verwenden. Dabei steigt die Berechnungszeit eines Bildes beträchtlich und läßt sich aufgrund der sehr klein erscheinenden Muster eventuell sogar schlechter erkennen, als wenn es mit niederer Auflösung auf das Papier gebracht worden wäre.

Beachten Sie bei Verwendung von 2-Farb-Modi außerdem die unter »ptDefinePattern« aufgeführten Erläuterungen. Andernfalls kann der Ausdruck unbrauchbar sein.

Beispiel

```
void GraphikAusgabe( void )
{
    ptPrintImageNow( "ESC9x120", "BILD.PCX",
                     5, 5, 1 );
}
```

Siehe auch ptPrintImageBuffer

SWORD ptPrintInColumnBuffer(AbZeile, VerUnits, Text, Spalte, Ausrichtung)

Parameter

AbZeile [WORD]:

Dieser Wert gibt die Nummer der Zeile an, ab welcher der übergebene Text darzustellen ist. Dabei ist keine besondere Reihenfolge der Zeilen zu beachten !

VerUnits [WORD]:

Dieser Wert gibt die Anzahl minimaler, vertikaler Bewegungseinheiten an, um welche der Druckkopf von der festgelegten Zeile ab zusätzlich nach unten bewegt werden soll (zum besseren Verständnis siehe auch »ptSkipExactStandard«).

Text [CHAR *]:

Zeiger auf den auszugebenden Text

Spalte [WORD]:

Nummer der Spalte, welche den auszugebenden Text in seine linken und rechten Schranken verweist.

Ausrichtung [BYTE]:

PT_LEFT	: Text linksbündig drucken
PT_RIGHT	: Text rechtsbündig drucken
PT_CENTER	: Text zentriert drucken
PT_JUSTIFY	: Text im Blocksatz drucken

Rückgabewert [SWORD]:

PT_OK	: Text ausgegeben
PT_PRINTERERROR	: Drucker nimmt Daten nicht an
PT_WRONGCOLUMN	: Ungültige Spaltennummer
PT_WRONGMARGINS	: Spalten ungültig (linke und rechte Grenze vertauscht, o.ä.)

Beschreibung Diese Funktion gibt den übergebenen Text mit der festgelegten Ausrichtung (linksbündig, rechtsbündig, zentriert, Blocksatz) in der gewünschten Spalte aus. Damit ist es beispielsweise möglich, ein Zeitungslayout zu verwirklichen.

Wie bei allen »Buffer«-Befehlen wird der Text erst beim Aufruf der »ptSendBuffer« bzw. »ptSendPCXBuffer«-Funktion in der korrekten Reihenfolge (alle »Buffer«-Befehle werden dabei beachtet) an den Drukker weitergeleitet.

Beispiel

```
void ColumnDemo( void )
{
     ptDefineColumn( 5, 2.3, 4.3 );
     ptPrintInColumnsBuffer( "1. Spalte !",
                             5, PT_JUSTIFY );

     ptDefineColumn( 4, 5.3, 6.3 );
     ptPrintInColumnsBuffer( "2. Spalte !",
                             4, PT_JUSTIFY );

     ptPrintBetweenColumnsBuffer( "Dazwischen !",
                                  5, 4, PT_JUSTIFY);
     ptSendBuffer();
}
```

Siehe auch ptPrintBetweenColumnsNow, ptPrintInColumnNow, ptPrintBetweenColumnsBuffer, ptPrintAutoBuffer

SWORD ptPrintInColumnNow(Text, Spalte, Ausrichtung)

Parameter

Text [CHAR *]:

Zeiger auf den auszugebenden Text

Spalte [WORD]:

Nummer der Spalte, welche den auszugebenden Text in seine linken und rechten Schranken verweist

Ausrichtung [BYTE]:

PT_LEFT	: Text linksbündig drucken
PT_RIGHT	: Text rechtsbündig drucken
PT_CENTER	: Text zentriert drucken
PT_JUSTIFY	: Text im Blocksatz drucken

Rückgabewert

[SWORD]:

PT_OK	: Text ausgegeben
PT_PRINTERERROR	: Drucker nimmt Daten nicht an
PT_WRONGCOLUMN	: Ungültige Spaltennummer
PT_WRONGMARGINS	: Spalten ungültig (linke und rechte Grenze vertauscht o.ä.)

Beschreibung

Diese Funktion gibt den übergebenen Text mit der festgelegten Ausrichtung (linksbündig, rechtsbündig, zentriert, Blocksatz) in der gewünschten Spalte aus. Damit ist es beispielsweise möglich, ein Zeitungslayout zu verwirklichen.

Beispiel

```
void ColumnDemo( void )
{
     ptDefineColumn( 5, 2.3, 4.3 );
     ptPrintInColumn( "1. Spalte!", 5, PT_JUSTIFY );

     ptDefineColumn( 4, 5.3, 6.3 );
     ptPrintInColumn( "2. Spalte!", 4, PT_JUSTIFY );

     ptPrintBetweenColumnsNow( "Dazwischen !",
                               5, 4, PT_JUSTIFY );
}
```

Siehe auch

ptPrintBetweenColumnsNow, ptPrintInColumnBuffer, ptPrintBetweenColumnsBuffer, ptPrintAutoBuffer

SWORD ptPrintLeftNow(Text, Position)

Parameter

Text [CHAR *]:

Zeiger auf den auszugebenden Text

Position [DOUBLE]:

Äußerst linke Position des Textes in cm oder inch, je nach festgelegter Einheit (siehe auch »ptDefineUnit«)

Rückgabewert

[SWORD]:

PT_OK	: Text ausgegeben
PT_PRINTERERROR	: Drucker nimmt Daten nicht an
PT_WRONGMARGINS	: Ungültige Position

Beschreibung

Diese Funktion gibt, beginnend mit der äußerst linken bis zur angegebenen Position, den übergebenen Text aus.

Beispiel

```
void TextAusgeben( void )
{
     ptDefineUnit( PT_INCH );
     ptPrintLeftNow( "Äußerst rechte Position: 2\
inch, Text rechtsbündig ausgegeben", 2 );
}
```

Siehe auch ptPrintRightNow, ptPrintAutoNow

SWORD ptPrintNow(Text)

Parameter Text [CHAR *]:

Zeiger auf den an der aktuellen Druckkopfposition auszugebenden Text

Rückgabewert [SWORD]:

PT_OK : Text ausgegeben

PT_PRINTERERROR : Drucker nimmt Daten nicht an

Beschreibung Diese Funktion gibt an der aktuellen Druckkopfposition den übergebenen Text ohne weitere Überprüfung aus. Der Text darf keinesfalls die aktuelle Zeilen überschreiten, da die meisten Drucker auf eine solche Aktion mit einem Vorrücken zur nächsten Zeile antworten und damit alle internen Toolboxdaten verfälscht werden.

Verwenden Sie diese Funktion aus den eben genannten Gründen nur in dringenden Notfällen. Ansonsten leistet »ptPrintAutoNow« gute Dienste.

Beispiel

```
void TextAusgeben( void )
{
     ptPrintAutoNow( "Rechts nebendran werden drei\
Zeichen angefügt: ", 1, 5, PT_LEFT );
     ptPrintNow( "!?!" );
}
```

Siehe auch ptPrintNowChar, ptPrintAutoNow

SWORD ptPrintNowChar(Zeichen)

Parameter

Zeichen [CHAR]:

ASCII-Code desjenigen Zeichens, welches an der aktuellen Druckkopfposition ausgegeben werden soll.

Rückgabewert

[SWORD]:

PT_OK : Zeichen ausgegeben

PT_PRINTERERROR : Drucker nimmt Daten nicht an

Beschreibung

Diese Funktion gibt an der aktuellen Druckkopfposition das übergebene Zeichen aus, ohne dabei zu überprüfen, ob eine neue Zeile begonnen wurde. Aus diesem Grund sollte diese Funktion nur in dringenden Notfällen, d.h., wenn sich ein Problem nicht anders lösen läßt, angewandt werden. Ein versehentlicher Zeilensprung kann das gesamte Druckbild zu einem wertlosen Picassoimitat verwerfen.

Beispiel

```
void ZeichenAusgeben( void )
{
     ptPrintAutoNow( "Rechts nebendran werden drei\
Zeichen angefügt: ", 1, 5, PT_LEFT );
     ptPrintNowChar( '!' );
     ptPrintNowChar( '?' );
     ptPrintNowChar( '!' );
}
```

Siehe auch

ptPrintNow, ptPrintAutoNow

SWORD ptPrintRightNow(Text, Position)

Parameter

Text [CHAR *]:

Zeiger auf den auszugebenden Text

Position [DOUBLE]:

Äußerst rechte Position des Textes in cm oder inch, je nach festgelegter Einheit (siehe auch »ptDefineUnit«)

Rückgabewert [SWORD]:

PT_OK	: Text ausgegeben
PT_PRINTERERROR	: Drucker nimmt Daten nicht an
PT_WRONGMARGINS	: Ungültige Position

Beschreibung Diese Funktion gibt, beginnend mit der angegebenen bis zur äußersten rechten Position, den übergebenen Text aus. Der Quelltext wird dabei nicht verändert.

Beispiel

```
void TextAusgeben( void )
{
     ptDefineUnit( PT_INCH );
     ptPrintRightNow( "Äußerst linke Position: 2\
inch, Text rechtsbündig ausgegeben", 2 );
}
```

Siehe auch ptPrintLeftNow, ptPrintAutoNow

SWORD ptResetPrinter(VOID)

Parameter Keine vorhanden

Rückgabewert [SWORD]:

PT_OK	: Zeichen ausgegeben
PT_PRINTERERROR	: Drucker nimmt Daten nicht an

Beschreibung Diese Funktion sendet eine vom jeweiligen Typ abhängige Resetsequenz an den aktuellen Drucker. Die Befehlsfolge hierzu wird im Druckertreiber festgehalten, welcher über ein ebenfalls der Toolbox beiliegendes Programm erstellt bzw. bearbeitet werden kann.

Beispiel

```
void DruckerInAusgangszustand( void )
{
     if ( ptResetPrinter() < 0 )
        printf( "Fehler !" );
     else
        printf( "Alles in Butter !" );
}
```

Siehe auch ptInitPrinter, ptClosePrinter

SWORD ptScanInitPrinter(Dateiname)

Parameter Dateiname [CHAR *]:

Zeiger auf Namen der Druckertreiberdatei. Dieser Name darf nur die ersten 8 Zeichen des Dateinamens beinhalten, Suffix oder Pfad sind nicht erlaubt.

Rückgabewert [SWORD]:

PT_OK	: Drucker initialisiert
PT_FILEERROR	: Falscher Treibername
PT_PRINTERERROR	: Drucker läßt sich nicht ansprechen

Beschreibung Diese Funktion oder »ptInitPrinter« muß vor dem Einsatz von anderen Funktionen dieser Toolbox aufgerufen werden. Sie lädt druckerspezifische Daten aus einer Treiberdatei und initialisiert den Drucker. Der dabei allokierte Speicher wird später durch die Funktion »ptClosePrinter« wieder freigegeben.

»ptInitPrinter« greift im Gegensatz zu »ptScanInitPrinter« ausschließlich auf C-Funktionen zurück. Der gewichtige Nachteil: C-Funktionen greifen auf Standard-DOS-Funktionen zurück, welche das Programm unterbrechen, wenn sich der Drucker nicht ansprechen läßt. Der User wiederum sieht plötzlich folgenden String auf dem Bildschirm erscheinen, auf welchen DOS eine Antwort erwartet:

```
Write fault error writing device LPT1
Abort, Retry, Ignore, Fail?
```

»ptScanInitPrinter« dagegen verwendet spezielle, maschinennahe Interruptfunktionen, welche lediglich ein NICHT-ANSPRECHBAR-Byte zurückgeben und keine derart störenden Kommentare.

Beispiel

```
void KomplettDemo( void )
{
      ptScanInitPrinter( "EPSON" );
      /* Drucker initialisieren, Treiber laden */

      ptPrintAutoNow( "Hallo !", 4, 6, PT_JUSTIFY );
      /* Ausgabe auf dem Drucker                 */

      ptClosePrinter();
      /* Allokierten Speicher freigeben und      */
      /* Stream schließen                        */
}
```

Siehe auch ptInitPrinter, ptClosePrinter

SWORD ptSendBuffer(VOID)

Parameter Keine vorhanden

Rückgabewert [SWORD]:

PT_OK	: Zeichen ausgegeben
PT_PRINTERERROR	: Drucker nimmt Daten nicht an
PT_NOBUFFERENTRIES	: Keine Speichereintragungen vorhanden, d.h. keine »Buffer«-Befehle ausgeführt

Beschreibung Diese Funktion wird aufgerufen, wenn über die »Buffer«-Befehle das gesamte Druckbild einer Seite festgelegt wurde. Diese Befehle legen die übergebenen Daten im Speicher ab und erfordern daher keine besondere Reihenfolge. Zeilen beliebiger Nummern können willkürlich, also auch von unten nach oben beginnend, mit Text belegt werden.

»ptSendBuffer« berechnet nun das Druckbild aus allen über »Buffer«-Befehle eingegebenen Daten und gibt dies auf dem Drucker aus. Das Druckbild wird damit nicht aus dem Speicher entfernt (siehe dazu

»ptEmptyBuffer«) und kann durch weitere »ptSendBuffer«-Aufrufe wieder und wieder ausgegeben werden. Die Seite wird nach einem Aufruf dieses Befehls nicht ausgespuckt. Aus diesem Grund ist es durchaus möglich, Endlospapier im Zusammenhang mit Bufferbefehlen zu verwenden. Bei Einzelblattpapier sollte »ptNextPage« folgen.

ACHTUNG: Diese Funktion gibt keine Grafiken aus, auch wenn deren Ausgabe über »ptPrintImageBuffer« befohlen wurde. Dafür ist die Funktion »ptSendPCXBuffer« zuständig, welche zusätzlich alle Aufgaben von »ptSendBuffer« übernimmt.

Beispiel

```
void BufferDemo( void )
{
     ptPrintAutoBuffer( 5, 0, "Dies ist ein Text !",
                        1, 5, PT_JUSTIFY );
     /* Spätere Ausgabe in Zeile 5   */
     ptPrintAutoBuffer( 3, 0, "Dies steht darüber!",
                        1, 5, PT_JUSTIFY );
     /* Spätere Ausgabe in Zeile 3   */
     ptSendBuffer();
     /* Ausgabe der Seite            */
     ptSendBuffer();
     /* Nochmalige Ausgabe der Seite */
     ptEmptyBuffer();
     /* Speicher freigeben           */
}
```

Siehe auch ptSendPCXBuffer

SWORD ptSendPCXBuffer(VOID)

Parameter Keine vorhanden

Rückgabewert [SWORD]:

PT_OK	: Zeichen ausgegeben
PT_PRINTERERROR	: Drucker nimmt Daten nicht an
PT_NOBUFFERENTRIES	: Keine Speichereintragungen vorhanden, d.h. keine »Buffer«-Befehle ausgeführt

Beschreibung

Diese Funktion wird aufgerufen, wenn über die »Buffer«-Befehle das gesamte Druckbild einer Seite festgelegt wurde. Diese Befehle legen die übergebenen Daten im Speicher ab und erfordern daher keine besondere Reihenfolge. Zeilen beliebiger Nummern können willkürlich, also auch von unten nach oben beginnend, mit Text belegt werden. Zusätzlich beachtet »ptSendPCXBuffer«, ob der Ausdruck eines PCX-Bildes, welcher über »ptPrintImageBuffer« befohlen werden muß, stattzufinden hat. »ptSendBuffer« ist nur für Text zuständig.

»SendPCXBuffer« berechnet nun das Druckbild aus allen über »Buffer«-Befehle eingegebenen Daten und gibt dies auf dem Drucker aus. Das Druckbild wird damit nicht aus dem Speicher entfernt (siehe dazu »ptEmptyBuffer«) und kann durch weitere »ptSendPCXBuffer«-Aufrufe wieder und wieder ausgegeben werden.Die Seite wird nach einem Aufruf dieses Befehls nicht ausgespuckt. Aus diesem Grund ist es durchaus möglich, Endlospapier im Zusammenhang mit Bufferbefehlen zu verwenden. Bei Einzelblattpapier sollte »ptNextPage« folgen.

Beispiel

```
void GraphikAusgabe( void )
{
     ptPrintImageBuffer( 10, 5, "ESC9x120",
                         "BILD.PCX", 5, 5,
                         1 );
     ptSendPCXBuffer();
}
```

Siehe auch

ptSendBuffer

SWORD ptSetLinesPerPage(Lines)

Parameter

Lines [WORD]:

Anzahl Zeilen pro Seite	: Anzahl der Zeilen einer Seite (Standard: 50)
PT_NOEND	: Unendlich viele Zeilen pro Seite

Rückgabewert [SWORD]:

PT_OK : Funktion korrekt ausgeführt

PT_WRONGPARAMETER : Unzulässige Anzahl Zeilen (d.h. über 32000 Zeilen/Seite)

Beschreibung Diese Funktion gestattet es, die Anzahl Zeilen pro Druckseite festzulegen. Bewährt hat sich hierbei der Standard 50 Zeilen/Seite. Änderungen werden nur in Ausnahmefällen, z.B. bei Verwendung von Endlospapier notwendig sein.

Bei Verwendung von Endlospapier kann der Wert PT_NOEND verwendet werden, der den Wert 32000 Zeilen/Seite und damit quasi »unendlich« viele Zeilen pro Seite repräsentiert. Hierbei kann natürlich kein Buffer-Befehl ausgeführt werden, da »ptSendBuffer« bzw. »ptSendPCXBuffer« natürlich den gesamten Papiervorrat aufbrauchen würde.

Beispiel

```
void SetLinesPerPage( void )
{
     ptSetLinesPerPage( 50 );
     ptPrintLeft( "50 Zeilen pro Seite !", 10 );
     ptNextPage();
}
```

Siehe auch ptNextPage()

SWORD ptSetSequenz(Bold, Underline, Italic)

Parameter Bold [BOOL]:

PT_ON : Fettdruck wird aktiviert

PT_OFF : Fettdruck wird deaktiviert

Underline [BOOL]:

PT_ON : Unterstreichen wird aktiviert

PT_OFF : Unterstreichen wird deaktiviert

Italic [BOOL]:

PT_ON : Kursivdruck wird aktiviert

PT_OFF : Kursivdruck wird deaktiviert

Rückgabewert [SWORD]:

PT_OK : Funktion korrekt ausgeführt

PT_PRINTERERROR : Drucker läßt sich nicht ansprechen

Beschreibung Diese Funktion gestattet es, alle drei Schriftcharakteristika (Fettdruck, Unterstreichen, Kursivdruck) mit einem Befehl zu ändern. Bei umfangreichen Änderungen gestaltet sich dieser Befehl daher übersichtlicher als »ptSwitchFontCharacter« (siehe auch dort).

Beispiel

```
void SetSequenzDemo( void )
{
     ptSetSequenz( PT_OFF, PT_OFF, PT_OFF );
     ptPrintAutoNow( "Normale Schrift", 0, 8,
                      PT_CENTER );
     ptSkip( 2 );
     ptSetSequenz( PT_ON, PT_OFF, PT_OFF );
     ptPrintAutoNow( "Fettgedruckt !!", 0, 8,
                      PT_CENTER );
     ptSkip( 2 );
     ptSetSequenz( PT_ON, PT_ON, PT_ON );
     ptPrintAutoNow( "Fettgedruckt, unterstrichen,\
kursiv !!", 0, 8, PT_CENTER );
}
```

Siehe auch ptSwitchFontCharacter

SWORD ptSetSpecialChar(Schalter)

Parameter Schalter [BYTE]:

PT_ON : Die Spezialzeichen »_« (Unterstreichen an/aus) und »^« (Fettdruck an/aus) werden aktiviert.

PT_OFF : Die Spezialzeichen werden im folgenden wie jeder andere Text auch auf dem Drucker ausgegeben, ohne daß sie eine typografische Wirkung erzielen.

Rückgabewert [SWORD]:

PT_OK : Spezialzeichen aktiv/inaktiv

PT_WRONGPARAMETER : Ungültiger Schalter

Beschreibung Die beiden Spezialzeichen »_« und »^« erlauben es, im Fließtext einfache Gestaltungsformen vorzugeben, gesetzt den Fall, »ptSetSpecialChar« wurde der Wert PT_ON übergeben. Geschah dies bereits, aktiviert der Computer beim ersten Auftreten von »_« das Unterstreichen, bei »^« den Fettdruck; nach wiederholtem Auftreten des jeweiligen Zeichens befindet sich der Drucker wieder im Ausgangszustand. Selbstverständlich gestattet es »ptSetSpecialChar«, beide Befehle zu kombinieren. So aktiviert »_^« sowohl das Unterstreichen wie auch den Fettdruck.

Beispiel

```
void Textausgabe( void )
{
     ptSetSpecialChar( PT_ON );
     ptPrintAutoNow( "Normalschrift, _das ist\
unterstrichen_, das ist wieder normal, ^nun das\
ganze ein wenig fetter^ und wieder normal, zuletzt\
jedoch die ^_Kombination !_^",
                    2, 6, PT_JUSTIFY );
     Skip( 2 );
     SetSpecialChar( PT_OFF );
     PrintAutoNow( "Nun können wir die Zeichen\
und ^ ohne weitere Wirkung ausdrucken !",
                    2, 6, PT_JUSTIFY );
}
```

Siehe auch ptSwitchOnFontCharacteristics, ptSwitchOffFontCharacteristics

SWORD ptSkip(Zeilen)

Parameter Zeilen [WORD]:

Anzahl Zeilen, welche übersprungen werden sollen

Rückgabewert [SWORD]:

PT_OK : Funktion ausgeführt

PT_PRINTERERROR : Drucker reagiert nicht

Beschreibung Diese Funktion übergeht die angegebene Anzahl Zeilen, achtet jedoch auf eventuell definierte TRAPS und führt die dazugehörigen Funktionen aus. Ist die Seite voll, wird sie ausgegeben.

Beispiel

```
void Druckbeispiel( void )
{
     ptPrintAutoNow( "Zeile 1 !",
                     2, 6, PT_JUSTIFY );
     ptSkip( 2 );

     ptPrintAutoNow( "Zeile 3 !"
                     2, 6, PT_JUSTIFY );
     ptSkip( 2 );
     ptPrintAutoNow( "Zeile 5 !"
                     2, 6, PT_JUSTIFY );
}
```

Siehe auch ptSkipExact, ptSkipExactStandard

SWORD ptSkipExact(Einheiten)

Parameter Zeilen [WORD]:

Anzahl minimaler, vertikaler Bewegungseinheiten, welche übersprungen werden sollen

Rückgabewert [SWORD]:

PT_OK : Funktion ausgeführt

PT_PRINTERERROR : Drucker reagiert nicht

Beschreibung

Jeder Drucker verfügt über eine Druckersequenz, welche eine kleinstmögliche, vertikale Bewegung des Druckkopfes erlaubt. Diese minimale vertikale Bewegungseinheit ist von Drucker zu Drucker verschieden und sollte deshalb nur in seltenen Fällen angewandt werden. Für druckerunabhängige Programme eignet sich die Funktion »ptSkipExactStandard«.

Beispiel

```
void Druckbeispiel( void )
{
        ptPrintNow( "Ganz oben !" );
        ptSkipExcact( 2 );
        ptPrintNow( "Ein wenig weiter unten !" );
        ptSkipExact( 2 );
        ptPrintNow( "Noch weiter unten !!" );
}
```

Siehe auch

ptSkip, ptSkipExactStandard

SWORD ptSkipExactStandard(Einheiten)

Parameter

Zeilen [WORD]:

Anzahl druckunabhängiger, minimaler, vertikaler Bewegungseinheiten, welche übersprungen werden sollen

Rückgabewert

[SWORD]:

PT_OK	: Funktion ausgeführt
PT_PRINTERERROR	: Drucker reagiert nicht

Beschreibung

Jeder Drucker verfügt über eine Druckersequenz, welche eine kleinstmögliche, vertikale Bewegung des Druckkopfes erlaubt. Diese minimale vertikale Bewegungseinheit ist von Drucker zu Drucker verschieden und sollte deshalb nur in seltenen Fällen angewandt werden. Diesen Zweck erfüllt die Funktion »ptSkipExact«.

»ptSkipExactStandard« zeigt im Prinzip dasselbe Resultat, arbeitet jedoch druckerunabhängig, da eine Einheit automatisch 1/48 Zoll entspricht. Diese Funktion läßt ein Hauptkriterium erkennen, das ein Drucker erfüllen muß, um einwandfrei mit dieser Toolbox arbeiten zu können: Er muß seinen Druckkopf in kleinen, vertikalen Schritten bewegen können. Dies ist bei beinahe jedem grafikfähigem Drucker der Fall.

Beispiel

```
void Druckbeispiel( void )
{
    ptPrintNow( "Ganz oben !" );
    ptSkipExcact( 2 );
    ptPrintNow( "Ein wenig weiter unten !" );
    ptSkipExact( 2 );
    ptPrintNow( "Noch weiter unten !!" );
}
```

Siehe auch ptSkip, ptSkipExact

CHAR* ptSplitText(Ziel, Text, Links, Rechts)

Parameter Ziel [CHAR *]:

Zeiger auf Textspeicher, in welchem der in die vorgegebenen Grenzen passende Text Platz findet

Text [CHAR *]:

Zeiger auf Quelltext, aus welchem die in die vorgegebenen Grenzen passende Anzahl Zeichen kopiert werden

Links [DOUBLE]:

Linker Rand der Spalte, in welcher der im folgenden kopierte Textausschnitt in einer Zeile Platz finden wird. Der Wert hat entweder in cm oder inch vorzuliegen, je nach definierter Einheit (siehe auch »ptDefineUnit«).

Rechts [DOUBLE]:

Rechter Rand der Spalte, in welcher der im folgenden kopierte Textausschnitt in einer Zeile Platz finden wird. Der Wert hat entweder in cm oder inch vorzuliegen, je nach definierter Einheit (siehe auch »ptDefineUnit«).

Rückgabewert [CHAR*]:

Zeiger auf verbleibenden Teil des Quelltextes, welcher nicht mehr in einer Zeile dieser Spalte Platz finden konnte. Bei fehlerhafter Ausführung (linker Rand größer als rechter Rand) gibt die Funktion einen NULL-Zeiger zurück.

Beschreibung Diese Funktion versetzt den Anwender in die Lage, feststellen zu können, wie viele Zeichen eines Strings zwischen von ihm festgelegten Grenzen Platz finden. Dabei werden diese Zeichen in einen bestimmten Speicherbereich kopiert und ein Zeiger auf den verbleibenden Rest des Quellstrings zurückgegeben. Damit gestaltet es sich recht einfach, über eine Schleife die Gestaltung einer Spalte zu organisieren.

Beispiel

```
void SplitTextBeispiel( void )
{
     char Quelle[] = { "12345678910111213141516" };
     char Ziel[10];

     while ( strcpy( Quelle, ptSplitText( Ziel,
           Quelle, 2, 3 ) ) && Ziel[0] != 0 )
     {
            ptPrintAutoNow( Ziel, 2, 3, PT_JUSTIFY);
            ptSkip(1);
     }
}
```

Siehe auch ptStringLen

DOUBLE ptStringLen(Text)

Parameter Text [CHAR *]:

Zeiger auf den Text, dessen Ausdehnung auf dem Papier berechnet werden soll

Rückgabewert [DOUBLE]:

Breite des Textes auf dem Papier in cm oder inch, je nach festgelegter Einheit (siehe auch »ptDefineUnit«)

Beschreibung

Diese Funktion berechnet die Breite eines Textes auf dem Papier unter Verwendung des aktuellen Fonts. Der Wert liegt dabei entweder in cm oder inch vor, je nachdem, welche Einheit zuvor festgelegt wurde (siehe auch »ptDefineUnit«).

Beispiel

```
void Druckbeispiel( void )
{
    int Breit;

    ptDefineUnit( PT_CM );
    Breit = ptStringLen( "Hallo" );
    printf( "Der String \'Hallo\' nimmt auf dem\
Papier unter Verwendung des aktuellen Fonts %d cm\
Platz ein.", Breit );
}
```

Siehe auch

ptDefineUnit, ptSplitText

SWORD ptSwitchFontCharacter(FontTyp, Status)

Parameter

FontTyp [BYTE]:

PT_BOLD	: Fettdruck an/aus (PT_ON, PT_OFF)
PT_UNDERLINE	: Unterstreichen an/aus (PT_ON, PT_OFF)
PT_ITALIC	: Kursivdruck an/aus (PT_ON, PT_OFF)

Status [BYTE]:

PT_ON	: Aktivieren
PT_OFF	: Deaktivieren

Rückgabewert

[SWORD]:

PT_OK	: Ausführung korrekt
PT_PRINTERERROR	: Drucker nimmt Daten nicht an

Beschreibung

Diese Funktion erlaubt es, den aktuellen Font besonders hervorzuheben. Dabei stehen die typografischen Mittel Unterstreichen, Fettdruck und Kursivdruck zur Verfügung, welche über diese Funktion aktiviert bzw. deaktiviert werden können. Kombinationen sind möglich, so daß der User beispielsweise den Standardfont durch Unterstreichen und Kursivdruck hervorheben und durch einfaches Ausschalten des Unterstreichmodus lediglich kursiv gedruckten Text weiter ausgeben lassen kann.

Beispiel

```
void ZeigeDruckeffekte( void )
{
     ptPrintAutoNow( "Normaler Text !",
                     2, 4, PT_JUSTIFY );
     ptSkip( 2 );
     ptSwitchFontCharacter( PT_BOLD, PT_ON );
     ptSwitchFontCharacter( PT_ITALIC, PT_ON );
     ptPrintAutoNow( "Kursiv und Fettdruck !!",
                     2, 4, PT_JUSTIFY );
     ptSkip( 2 );
     ptSwitchFontCharacter( PT_ITALIC, PT_OFF );
     ptPrintAutoNow( "Jetzt lediglich Fettdruck",
                     2, 4, PT_JUSTIFY );
}
```

Siehe auch

ptSwitchOnFontCharacteristics, ptSwitchOffFontCharacteristics

SWORD ptSwitchOffFontCharacteristics (VOID)

Parameter

Keine vorhanden

Rückgabewert

[SWORD]:

PT_OK	: Ausführung korrekt
PT_PRINTERERROR	: Drucker nimmt Daten nicht an

Beschreibung

Diese Funktion versetzt den Drucker vorübergehend in die Lage, den aktuellen Font im Standardmodus, d.h. weder unterstrichen, fett noch kursiv, ausdrucken zu müssen. Der gegenteilige Befehl (»ptSwitchOnFontCharacteristics«) reaktiviert die zuvor vorhandenen Besonderheiten.

Arbeitet der Drucker beispielsweise vor Aufruf dieser Funktion mit einem kursiv und fett gedruckten Font, so gibt sich daraufhin an den Drucker gesandter Text ganz gewöhnlich, bis der Fett-Kursiv-Modus durch »ptSwitchOnFontCharacteristics« wieder ins Leben gerufen wird.

Beispiel

```
void DruckeText( void )
{
   ptSetSpecialChars( PT_ON );
   ptPrintAutoNow( "^_Gestylter Text !",
                   2, 5, PT_LEFT );
   ptSkip( 2 );
   ptPrintAutoNow( "Immer noch anormal !",
                   2, 5, PT_LEFT );
   ptSkip( 2 );
   ptSwitchOffFontCharacteristics();
   ptPrintAutoNow( "Doch plötzlich gewöhnlich !",
                   2, 5, PT_LEFT );
   ptSkip( 2 );
   ptSwitchOnFontCharacteristics();
   ptPrintAutoNow( "Und wieder wie zuvor !!_^",
                   2, 5, PT_LEFT );
}
```

Siehe auch

ptSwitchOnFontCharacteristics, ptSwitchFontCharacter

SWORD ptSwitchOnFontCharacteristics (VOID)

Parameter

Keine vorhanden

Rückgabewert

[SWORD]:

PT_OK : Ausführung korrekt

PT_PRINTERERROR : Drucker nimmt Daten nicht an

Beschreibung

Fand zuvor die Funktion »ptSwitchOffFontCharacteristics« Anwendung, so reaktiviert »ptSwitchOnFontCharacteristics« die Gestaltung des aktuellen Fonts (unterstrichen, fett, kursiv).

Arbeitete der Drucker beispielsweise vor Aufruf dieser Funktion »ptSwitchOffFontCharacteristics« mit einem kursiv und fett gedruckten Font, so gibt sich daraufhin an den Drucker gesandter Text ganz gewöhnlich, bis der Fett-Unterstreichen-Modus durch »ptSwitchOnFontCharacteristics« wieder ins Leben gerufen wird.

Beispiel

```
void DruckeText( void )
{
   ptSetSpecialChars( PT_ON );
   ptPrintAutoNow( "^_Gestylter Text !",
                   2, 5, PT_LEFT );
   ptSkip( 2 );
   ptPrintAutoNow( "Immer noch anormal !",
                   2, 5, PT_LEFT );
   ptSkip( 2 );
   ptSwitchOffFontCharacteristics();
   ptPrintAutoNow( "Doch plötzlich gewöhnlich !",
                   2, 5, PT_LEFT );
   ptSkip( 2 );
   ptSwitchOnFontCharacteristics();
   ptPrintAutoNow( "Und wieder wie zuvor !!_^",
                   2, 5, PT_LEFT );
}
```

Siehe auch

ptSwitchOffFontCharacteristics, ptSwitchFontCharacter

SWORD ptUseTrap(Zeilennummer)

Parameter

Zeilennummer [WORD]:

Nummer der Zeile, deren TRAP vorübergehend deaktiviert wurde und nun wieder reaktiviert werden soll.

Rückgabewert [SWORD]:

PT_OK : TRAP, welches für diese Zeile definiert wurde, ist reaktiviert

PT_TRAPNOTDEFINED : Für diese Zeile existierte kein TRAP

Beschreibung Diese Funktion erlaubt es, einen für eine bestimmte Zeile definierten TRAP, welcher über »ptDontUseTrap« vorübergehend deaktiviert war, zu reaktivieren.

Hat der Anwender beispielsweise für eine Zeile einen TRAP definiert und diesen vorübergehend deaktiviert, so geschieht beim Erreichen dieser Zeile nichts, der Rechner führt nicht die zuvor mit »ptDefineTrap« bestimmte Funktion aus. Reaktiviert er nach Ausgabe der aktuellen Seite diesen TRAP, so läuft alles wieder in normalen Bahnen ab, und die über »ptDefineTrap« vorherbestimmte Funktion wird beim Erreichen der besagten Zeile angesprungen.

Beispiel

```
void Aufzurufen( void )
{
     ptPrintAutoNow( "Zeile 20 !!",
                     2, 4, PT_JUSTIFY );
}

void TrapDemo( void )
{
     ptDefineTrap( 20, Aufzurufen );
     ptNextPage();
     /* Die Funktion wurde ausgeführt !*/
     ptDontUseTrap( 20 );
     ptNextPage();
     /* Die Funktion wurde nicht ausgeführt !*/

     ptUseTrap( 20 );
     ptNextPage();

     /* Die Funktion wurde ausgeführt !*/
}
```

Siehe auch ptDontUseTrap

10 Text- und Grafiktreiber der Druckertoolbox

10.1 Texttreiber

Jede Initialisierung der Toolbox über »ptScanInitPrinter« oder »ptInit-Printer« erfordert die Angabe eines Text-Grafiktreibers. Wie schon an anderer Stelle in diesem Handbuch ausführlich beschrieben, ist es leicht möglich, und einem Entwurf unendlich vieler verschiedener Treiber steht nichts im Wege.

Um dem Programmierer diese doch nicht unbeträchtliche Mühe zu ersparen, liegen der Toolbox schon Treiber für die gebräuchlichsten Drukker bei. Sollte ein spezielles Modell nicht vorzufinden sein, so gibt das jeweilige Handbuch sicherlich Auskunft über die Kompatibilität zu einem der im folgenden aufgeführten Standards:

HP-LASER. Treiber für HP-Laserjet-kompatible Drucker (praktisch alle auf dem Markt erhältliche Laserdrucker)

DESKJET. Treiber für HP-Deskjet-kompatible Tintenstrahldrucker (praktisch alle auf dem Markt erhältliche Tintenstrahldrukker)

EPSON. Treiber für EPSON-FX-kompatible 9-Nadel-Drucker (praktisch alle auf dem Markt erhältliche 9-Nadel-Drucker)

EPSON24. Treiber für EPSON-LQ-kompatible 24-Nadel-Drucker (praktisch alle auf dem Markt erhältliche 24-Nadel-Drucker)

Selbstverständlich unterliegen die Treiber, unabhängig davon, ob mitgeliefert oder selbsterstellt, nicht den üblichen Copyright-Bestimmungen. Sie dürfen ohne jegliche Lizenzzahlungen weitergegeben werden.

10.2 Grafiktreiber

Jede Ausgabe einer PCX- oder PCC-Grafik erfordert eine Angabe über den Treiber, auf den die Toolbox bei der Ausgabe zurückzugreifen hat. Neben der Möglichkeit, Treiber selbst zu generieren (siehe an anderer Stelle), bietet die Druckertoolbox folgende, bereits fertiggestellte Treiber für Standarddrucker zur direkten Verwendung an:

HP-LASER.PX	Treiber für HP-Laserjet-kompatible Drucker (praktisch alle auf dem Markt erhältliche Laserdrucker), Auflösung: 150 DPI
DESKJET.PX	Treiber für HP-Deskjet-kompatible Tintenstrahldrucker (praktisch alle auf dem Markt erhältliche Tintenstrahldrucker), Auflösung: 150 DPI
ESC9x120.PX	Treiber für EPSON-FX-kompatible 9-Nadel-Drucker (praktisch alle auf dem Markt erhältliche 9-Nadel-Drucker), Auflösung: 120 DPI
ESC24x12.PX	Treiber für EPSON-LQ-kompatible 24-Nadel-Drucker (praktisch alle auf dem Markt erhältliche 24-Nadel-Drucker), Auflösung: 120 DPI

Selbstverständlich unterliegen die Treiber, unabhängig davon, ob mitgeliefert oder selbsterstellt, nicht den üblichen Copyright-Bestimmungen. Sie dürfen ohne jegliche Lizenzzahlungen weitergegeben werden.

Stichwortverzeichnis

V

Z